ÉTUDES COMPLÉMENTAIRES

DE

L'ESPRIT

DU

DROIT ROMAIN

II

FONDEMENT DES INTERDITS POSSESSOIRES

CRITIQUE DE LA THÉORIE DE SAVIGNY

PAR

R. von JHERING

Professeur ordinaire de droit à l'Université de Gœttingen

TRADUIT AVEC L'AUTORISATION DE L'AUTEUR

PAR

O. DE MEULENAERE

Conseiller à la Cour d'Appel de Gand

DEUXIÈME ÉDITION

PARIS
A. MARESCQ, Aîné, ÉDITEUR
20, RUE SOUFFLOT
Au coin de la rue Victor-Cousin

MDCCCLXXXII

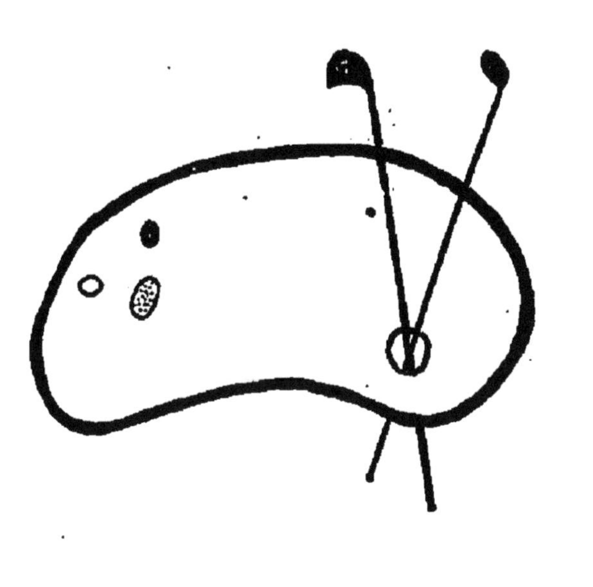

II

FONDEMENT DES INTERDITS POSSESSOIRES

DÉPOSÉ

ÉTUDES COMPLÉMENTAIRES
DE
L'ESPRIT
DU
DROIT ROMAIN

II

FONDEMENT DES INTERDITS POSSESSOIRES

CRITIQUE DE LA THÉORIE DE SAVIGNY

PAR

R. von JHERING

Professeur ordinaire de droit à l'Université de Gœttingen

TRADUIT AVEC L'AUTORISATION DE L'AUTEUR

PAR

O. DE MEULENAERE

Conseiller à la Cour d'Appel de Gand

DEUXIÈME ÉDITION

PARIS
A. MARESCQ, Aîné, ÉDITEUR
20, RUE SOUFFLOT
Au coin de la rue Victor-Cousin

MDCCCLXXXII

Gand, impr. Eug. Vanderhaeghen

Il n'est point de monographie de droit romain qui ait rencontré à la fois, et à bon droit, je pense, autant d'approbation et d'opposition que celle de SAVIGNY sur la possession. Il lui reste la gloire impérissable et inattaquable d'avoir restauré, dans notre dogmatique du droit civil, l'esprit de la jurisprudence romaine, et quelle que soit en définitive la somme de ses résultats pratiques, ce mérite lui restera sans avoir souffert la plus légère atteinte. Mais l'aveu de ce mérite ne doit et ne peut point empêcher la science de soumettre les opinions de SAVIGNY à un examen nouveau : l'anathème qu'a lancé PUCHTA contre tout nouveau doute, dans un moment de mauvaise humeur et de dépit causé par les flots toujours gonflés du torrent de la littérature possessoire, ne peut arrêter la critique; l'expérience l'a démontré et le démontre encore tous les jours.

En effet l'œuvre de SAVIGNY, plus qu'aucune autre, provoque la critique, non point dans ses détails, mais dans ses bases mêmes et dans ses vues fondamentales : ce serait à mes yeux une preuve de l'agonie du sens et du jugement scientifiques, une preuve de décrépitude, si notre science se payait des énigmes non encore résolues qu'a fait naître la théorie de SAVIGNY sur la possession.

Je me suis trouvé en contradiction avec cette théorie sur des points essentiels, dès le premier moment que je me suis formé un jugement scientifique indépendant. J'ai cru cependant ne pas devoir exprimer publiquement mon opinion sans m'être livré au préalable à de nombreuses recherches. J'ai pratiqué ces recherches sur une large échelle, et sans vouloir prétendre qu'on y trouvera une garantie objective de la vérité, je puis du moins assurer que je n'ai subjectivement rien omis pour parvenir à l'atteindre. La première difficulté que je rencontrai dans la théorie possessoire de SAVIGNY concerne la question de l'*animus domini*, et déjà en 1846 j'ai exposé dans mes leçons le fond de l'opinion qui se trouve développée au chapitre III. Plusieurs autres points de divergence survinrent ensuite, particulièrement la doctrine du *constitutum possessorium*, la question du fondement de la protection accordée à la possession, et de la nature juridique de la possession. Ces points feront l'objet d'études qui se succèderont dans l'ordre suivant :

I. Fondement des interdits possessoires.
II. Nature juridique de la possession.
III. L'*animus domini*.
IV. Le *constitutum possessorium* (1).

(1) La première de ces études a seule paru. Elle est d'une importance capitale pour la théorie de la possession, et le bon accueil qui a été fait à la première édition de notre traduction, publiée en 1875, nous a décidé à la reproduire, en la remettant, cette fois, dans son cadre naturel, comme Étude complémentaire de l'*Esprit du droit Romain*. (Note du trad.)

FONDEMENT DES INTERDITS POSSESSOIRES

I

APERÇU GÉNÉRAL

Pourquoi la possession est-elle protégée?

Nul ne fait cette question pour la propriété, pourquoi donc l'agiter au sujet de la possession? Parce que la protection accordée à la possession a de prime abord quelque chose de bizarre et de contradictoire. En effet, la protection de la possession comporte aussi la protection du brigand et du voleur; or, comment le droit, qui condamne le brigandage et le vol, peut-il en reconnaître et en protéger les fruits, dans la personne de leurs auteurs? Cela n'est-il pas approuver et soutenir de l'une main, ce que de l'autre on rejette et poursuit?

Lorsqu'une institution existe depuis des siècles, nul homme doué d'un jugement impartial ne peut se soustraire à la conviction qu'elle doit être basée sur des motifs impérieux, et en fait, la nécessité de protéger la possession n'a jamais été sérieusement contestée. Mais on est bien loin d'être unanimement d'accord sur ces motifs.

Quelques auteurs, particulièrement les anciens, évitent la question; ils acceptent le fait accompli. Mais si jamais un fait eut besoin d'explication, c'est bien celui-ci. SAVIGNY l'a compris et ne s'est point soustrait à l'explication. Mais sa réponse, malgré l'approbation qu'elle a rencontrée d'abord, n'a pu se soutenir, et l'on a fait successivement une foule de tentatives pour résoudre la question d'une autre manière. J'en fais une à mon tour.

La question n'est point, comme on pourrait le croire tout d'abord, du domaine exclusif de la philosophie du droit ou de la science de la législation. Elle a une importance dogmatique considérable, et j'espère démontrer plus loin que sa solution n'est pas seulement la première condition de l'exacte intelligence de la théorie possessoire toute entière, mais qu'elle conduit encore à des résultats pratiques d'une incontestable valeur.

La circonstance que les solutions données jusqu'ici à cette question n'ont pour ainsi dire jamais été réunies en un aperçu général et soumises à une critique rigoureuse (¹), m'oblige à me livrer à cette tâche. J'ai cherché à partager ces solutions en deux groupes, à l'imitation des théories du droit de punir : les théories *absolues* et les théories *relatives*.

Les théories *relatives* de la possession cherchent le fondement de sa protection, non dans la possession elle-même, mais dans des considérations, des institutions et des préceptes juridiques étrangers à la possession; elle n'est pas protégée pour elle-même, mais seulement pour donner à d'autres la plénitude de leur droit; pour elle-même, la possession ne se conçoit pas.

Les théories *absolues*, au contraire, définissent la possession en la considérant en elle-même et pour elle-même. La possession

(¹) Il faut cependant faire une honorable exception pour RANDA. *Der Besitz nach österr. Rechte.* Leipzig, 1865, § 8.

ne doit pas sa protection et son importance à des considérations qui lui sont étrangères : c'est pour elle-même qu'elle prétend être reconnue juridiquement, et le droit ne peut lui refuser cette reconnaissance. Une de ces théories trouve le fondement juridique de la possession dans la *volonté*. La possession est la volonté en soi, le fait nu par lequel la volonté humaine se réalise sur les choses, et qui doit être reconnu et respecté par le droit, sans examiner s'il est utile ou dangereux ; — c'est un droit primordial de la volonté d'être reconnue, aussi bien par le législateur *in abstracto*, que par le juge *in concreto*, toutes les fois qu'ils ont à s'occuper de la possession. En un mot, le possesseur peut réclamer reconnaissance et protection avec la même raison et le même droit que le propriétaire. A cette nécessité de la protection possessoire, basée sur le caractère *éthique* de la volonté, une autre théorie oppose la nécessité *économique* de la possession. La possession est économiquement aussi nécessaire que la propriété ; toutes deux ne sont autre chose que les formes juridiques, sous lesquelles se réalise la destination économique des choses pour les besoins de l'humanité.

C'est d'après ces points de vue différents que je grouperai dans la suite les diverses opinions : j'avoue cependant qu'il est impossible d'y apporter la précision et la clarté qui distinguent les théories sur le droit de punir.

Au surplus, la différence a été si peu accentuée jusqu'ici, que l'on trouve chez certains auteurs des échos des deux systèmes à la fois (¹). Peut-être cet essai contribuera-t-il à jeter de la lumière, au moins sur ce point.

(¹) PUCHTA, *Vermischte Schriften* p. 265. — TRENDELENBURG, *Naturrecht auf dem Grunde der Ethik.* 2ᵉ édit. Leipzig, 1868, § 95. GANS, v. plus bas.

1. *Théories relatives*

Les interdits possessoires n'ont point leur fondement dans la possession même, mais

1. Dans l'interdiction de la *violence*,

a. Savigny accentue particulièrement le motif de *droit privé* qui concerne le *possesseur*. (Le trouble possessoire est un *délit* contre le *possesseur*).

b. Rudorff au contraire insiste davantage sur le motif de *droit public* qui concerne la société. (Le trouble possessoire est un attentat contre *l'ordre juridique*).

2. Dans le grand *principe juridique* que nul ne peut juridiquement vaincre autrui, s'il n'a des motifs prépondérants d'un droit meilleur (Thibaut).

3. Dans *le privilège de l'irréprochabilité*, en vertu duquel on doit admettre, jusqu'à preuve du contraire, que le possesseur, qui *peut* avoir un droit à la possession, a en réalité ce droit (Röder);

4. Dans *la propriété*; la possession est protégée :

a. Comme propriété *probable* (ou possible); c'est l'opinion ancienne.

b. Comme propriété *commençante* (Gans).

c. Comme complément nécessaire de la protection de la propriété; c'est mon opinion.

2. *Théories absolues*

La possession est protégée pour elle-même, car

1. Elle est la *volonté* matériellement incorporée (Gans, Puchta, Bruns);

2. Elle « sert, comme la propriété, à la destination universelle du patrimoine : à la satisfaction des besoins de l'humanité par les choses et par le libre pouvoir qui s'exerce sur elles — son but est de conserver l'état de fait des choses » (Stahl).

II.

L'INTERDICTION DE LA VIOLENCE COMME FONDEMENT DES INTERDITS POSSESSOIRES.

L'opinion de SAVIGNY est si connue, que je crois à peine nécessaire de citer ses propres paroles(³) :

« La possession ne constituant pas par elle-même un droit, » le trouble qu'on y apporte n'est pas, à la rigueur, un acte » contraire au droit; il ne peut le devenir que s'il viole à la » fois et la possession et un droit quelconque. Or c'est ce qui » arrive lorsque le trouble apporté à la possession est le fait » de la violence: toute violence, en effet, étant illégale, c'est » contre cette illégalité qu'est dirigé l'interdit. — Les interdits » possessoires supposent un acte, qui par sa forme même, est » illégal. — Le possesseur a le droit d'exiger que personne » ne lui fasse violence. » « Il n'y a pas là violation d'un *droit* » subsistant par lui même, en dehors de la personne, mais » l'*état* de celle-ci se trouve modifié à son désavantage; et si » l'on veut réparer complètement et dans toutes ses conséquences » l'injustice résultant de l'acte de violence dont elle a été vic- » time, il est indispensable de rétablir ou de protéger l'état » de fait que cette violence avait entamé(⁴). »

L'opinion de RUDORFF(⁵) ne s'écarte pas essentiellement de celle de SAVIGNY. Tandis que ce dernier reconnait le droit à la protection dans la personne du possesseur, et soutient, pour me servir de ses propres termes (p. 45), que « des considérations du ressort du droit privé ont servi de base aux interdits possessoires », RUDORFF accentue le caractère public de

(³) SAVIGNY, *Traité de la possession*, § 2. Traduct. de H. Staedler. Brux., 1866, p. 11-12.

(⁴) Ibid. § 6, p. 38.

(⁵) *Zeitschrift für Gesch. Rechtswissenschaft*. VII p. 90 s.

la violence, comme « trouble apporté à la paix et à l'ordre publics », en rattachant la protection de la possession à l'interdiction de se faire justice à soi-même. Il est clair que ce dernier point de vue lui-même peut se concilier avec le droit privé du possesseur à être protégé, comme le prouve fort bien le *Decretum Divi Marci*. Mais d'autre part il se trouve trop restreint, lorsque l'on remarque que le trouble ou l'enlèvement violent de la possession n'a point toujours pour but de se faire justice à soi-même, sans parler des autres cas d'enlèvement illégal de la possession (*clam*, *precario*). Les doutes qui ont été élevés contre cette modification de l'opinion de Savigny([6]), semblent avoir induit l'auteur à la retirer tacitement([7]), de sorte que nous pourrons nous borner dans la suite, à l'examen exclusif de l'idée de Savigny.

Cette idée parait séduisante au premier abord.... lorsque l'on ignore ou perd de vue l'aspect qu'a pris la possession dans le droit romain. Elle aurait été de mise dans un traité de droit naturel([8]), mais dans un ouvrage qui prétend exposer la théorie romaine de la possession, elle ne peut qu'exciter une profonde surprise, car elle est inconciliable avec cette théorie et s'y heurte de toutes parts à des contradictions. La tentative de réaliser législativement cette idée engendrerait un droit de possession qui n'aurait pas même la plus lointaine ressemblance

([6]) Savigny, l. c. p. 44 s.

([7]) Ibid., *Appendice*, p. 583.

([8]) Et encore faudrait-il alors prouver d'abord, comme le demande Randa loc. cit., que l'enlèvement violent de la possession est en soi un acte injuste. « En elle-même, remarque-t-il avec raison, la violence ne peut » paraître injuste qu'en tant qu'elle lèse un droit. En effet, là où aucun » droit n'est lésé, mais où il y a seulement changement d'un état de » fait, il ne peut être question d'effacer l'injustice de la violence et de » ses conséquences. » Je reviendrai plus loin (IV) sur cet argument.

avec la possession romaine. Je le prouverai en passant en revue les points principaux de la théorie romaine de la possession.

1. Défaut de protection de la *detentio alieno nomine*.

Si les interdits possessoires reposent sur l'idée d'une violation du droit commise contre la personne, on ne voit point pourquoi ils peuvent être refusés à celui qui possède *alieno nomine*. Qu'y a-t-il de commun entre l'injustice contre la personne et la manière dont celle-ci possède? L'ordre légal serait-il par hasard moins lésé par l'expulsion d'un fermier conventionnel que par celle d'un fermier héréditaire? La violence reste violence, peu importe contre qui elle s'exerce. Une action qui, comme telle, c'est-à-dire indépendamment de la personne lésée, renferme en elle une injustice, ne peut tantôt être une injustice, tantôt ne l'être pas selon la diversité des hypothèses.

Écoutons la réponse de SAVIGNY. « De deux choses l'une; » dit-il, (p. 40) » « ou ce détenteur est d'accord, ou il est en » opposition avec le véritable possesseur. Dans le premier cas, » il n'a pas besoin d'interdits, puisque ceux du possesseur lui » suffisent. Dans le second cas, s'il voulait invoquer les inter- » dits contre le gré du possesseur, soit contre celui-ci même, » soit contre un tiers, il ne le pourrait pas, parce qu'en le fai- » sant, il contreviendrait aux rapports obligatoires sur lesquels » se base sa détention, et qui couvrent complétement tous ses » intérêts. » Je doute que cette argumentation convainque quelqu'un (9). SAVIGNY a perdu de vue sa propre idée des interdits possessoires. En effet, si ceux-ci sont des moyens de protection contre l'injustice exercée envers la personne, si le rapport possessoire n'a qu'une importance subordonnée, qui se réduit à l'élément de fait de la situation, alors on ne peut comprendre pourquoi le détenteur doit dépendre du possesseur pour être protégé contre une injustice qui lui est personnelle,

(9) V, dans le même sens RANDA loc. cit. note 3.

à lui-même. Il est parfaitement indifférent « que les interdits » du second les protègent suffisamment tous les deux, et que » dès lors le détenteur n'en ait pas besoin ([10]) », du moment que le trouble est dirigé non contre la possession mais contre la personne. La protection contre l'injustice du trouble n'est pas une question d'opportunité ou de nécessité, c'est une simple conséquence. C'est *la personne lésée* qui est protégée; si tous deux sont lésés, tous deux ont droit à la protection; si un seul est lésé, celui-là seul doit être protégé, donc le détenteur doit l'être dans tous les cas, car c'est lui qui est le premier et directement atteint par la violence. C'est ce qui arrive pour l'interdit *quod vi aut clam;* si l'*opus vi aut clam factum* lèse également l'intérêt du fermier et du bailleur, tous les deux ont l'interdit ([11]). Or si l'on réfléchit que cet interdit suppose un délit ([12]), on verra facilement comment les jurisconsultes romains auraient dû décider, s'ils avaient considéré les interdits possessoires sous le même point de vue.

Si les détenteurs n'ont pas besoin d'un moyen de protection indépendant, pourquoi le droit romain leur accorde-t-il l'*act. furti* et *vi bonorum raptorum*([13])? Le même motif pour lequel, d'après l'opinion de SAVIGNY, il leur refusait les remèdes possessoires, devait aussi leur faire refuser ces deux actions. S'il ne l'a point fait, c'est que le droit romain ne s'est nullement dissimulé l'atteinte *immédiate* que ces délits portaient au droit du détenteur, ni la nécessité et l'importance de lui accorder contre eux une protection *immédiate*. Et ce n'est pas seulement la

([10]) Cela même n'est pas toujours vrai, comme RANDA le remarque avec raison, par exemple en cas d'absence du possesseur.

([11]) L. 12 quod vi (**43**, 24).

([12]) L. 3 pr. ibid. *facto duo* DELINQUENTIS. L. 1 § 2 INJURIAM *comminisci*. Aussi cet interdit appartient-il même au fils de famille. L. 9 de O et A. (**44**, 7)... *injuriarum et quod vi aut clam*, L. 13, § 2 quod vi.

([13]) L. 14 § 2, L. 65 de furt. (47, 2); L. 2 § 22 Vi bon. (**47**, 8.)

lésion *personnelle* qui est prise en considération dans ces deux actions, ainsi que dans *l'interdictum quod vi aut clam*; c'est l'intérêt *réel, patrimonial* du maintien du rapport possessoire qui y trouve son expression. *Præterea*, dit la loi citée (14 § 2 de furt.), *habent furti actionem coloni, quamvis domini non sint, quia* INTEREST EORUM; et dans la L. 2 § 22 vi bon. citée, la chose reçue en commodat, en gage, en location, est comprise dans notre patrimoine, en ce sens que sans être, de sa nature, une chose « *in bonis* », elle n'en est pas moins considérée comme se trouvant « *ex bonis* » c'est-à-dire « *ut ex substantia mea res ablata esse proponatur... ut intersit mea eam non auferri.* » C'est ainsi que le locataire obtient l'interdit *de migrando*, du chef de la rétention des choses inférées, même en ce qui concerne les choses qui lui ont été prêtées ou louées ou qui ont été déposées chez lui, et la pétition d'hérédité s'étend aussi à ces choses [14].

Lorsque le possesseur et le détenteur ne sont pas d'accord, dit SAVIGNY, ce dernier ne peut invoquer les interdits, parce-qu'il empiéterait sur les rapports obligatoires qui sont la base de sa détention. Mais en admettant même que l'exercice des interdits contienne de sa part un pareil empiétement vis-à-vis du possesseur, quelle importance cela a-t-il vis-à-vis de l'auteur du trouble? Ce dernier n'est jugé que d'après la mesure de sa propre action, et il ne peut déduire un droit des rapports obligatoires qui existent entre le détenteur et le possesseur. S'il le pouvait jamais, ce serait bien particulièrement dans le cas d'expulsion d'un bailleur par le locataire, car dans ce cas la violation du rapport obligatoire est tout-à-fait indubitable et flagrante — et cependant le droit accorde sans difficulté les interdits au locataire devenu possesseur, [15] et le tiers qui viendrait objecter, d'après SAVIGNY, les rapports obligatoires qui

[14] L. 2 de migr. (43, 32). L. 19 pr. de her. pet. (5, 3).
[15] L. 12 de vi (43, 16).

ont existé entre le locataire et le bailleur, ne serait pas écouté.

En somme, on peut affirmer que la tentative faite par SAVIGNY pour réfuter les objections qui peuvent être tirées contre sa théorie du défaut de protection du détenteur, est complètement manquée. C'est une étrange ironie du sort littéraire, dont on trouverait, du reste, une quantité de preuves chez SAVIGNY lui même, malgré son grand génie, c'est disons-nous, une étrange ironie, que SAVIGNY, le restaurateur de la théorie romaine de la possession, ait pour l'élucider, énoncé une idée qui oppose à cette théorie une inconciliable contradiction, et qu'il ait en même temps combattu vivement une idée moderne qui s'est fait jour dans la sphère de la possession et qui contient la *réalisation* historique de son idée; nous voulons parler du *summariissimum* et de *l'actio spolii*. Celui qui voit dans le trouble et l'enlèvement de la possession, une injustice contre la personne, devrait nécessairement applaudir à ces remèdes légaux, qui sont accordés à tout possesseur sans distinguer la qualification de sa possession, et les saluer avec joie comme la réalisation de son idée. — SAVIGNY les considère comme une aberration scientifique, comme un avortement! — Celui qui s'exprime ainsi, et qui lutte pour conserver la pureté du droit romain, doit combattre plus qu'aucun autre la proposition que les moyens de protection de la possession se résolvent en une protection de la personne. — Or cette proposition, SAVIGNY ne l'a pas seulement énoncée, mais il l'a maintenue pendant un demi-siècle!

2. Défaut de protection de la possession des choses non susceptibles ou des personnes non capables de possession.

a. Choses. Il ne peut être question de possession ni de protection de la possession des choses *extra commercium*. Pourquoi pas? A mon point de vue cette question pourra, je crois, être résolue d'une manière satisfaisante dans les pages suivantes. En effet, ces choses ne sont point susceptibles de propriété; or la possession n'est que l'extériorité de la propriété, elle doit cesser là où celle-ci ne peut se concevoir. Mais en partant du point de vue de SAVIGNY, cette proposition ne peut recevoir aucune explication. Car, si la lésion de la possession n'acquiert d'importance juridique, que pour autant qu'elle renferme une injustice contre la personne, la qualité de la chose n'a aucune importance, peu importe qu'elle soit mobilière ou immobilière, susceptible ou non susceptible de propriété. Cela est tout aussi indifférent que de chercher si un meurtre a été commis près d'une maison ou d'une haie, sous un hêtre ou sous un chêne. Si l'idée de SAVIGNY était exacte, on devrait appliquer à la possession la décision que contient la L 13, § 7 de inj. (47, 10) pour l'*actio injuriarum*, et qui fait complètement abstraction de la qualité juridique particulière de la chose. Que l'on m'empêche de faire usage de ma propre chose ou d'une *res publica (in publicum lavare aut in cavea publica sedere, etc.)* ou d'une *res communis omnium* (*in mari piscari*), peu importe, j'aurai dans tous les cas l'*actio injuriarum*. Que l'on ne dise pas : le possesseur d'une *res extra commercium* n'a point d'intérêt à la chose, ou il commet une injustice en la possédant, et l'injustice ne peut être protégée; la même chose peut se dire du voleur et du brigand [16], et cependant on accorde les interdits possessoires à l'un et à l'autre.

Au surplus, si même l'assertion était exacte pour les *res sacrae* et *publicae*, le raisonnement ne pourrait s'appliquer à toutes les *res extra commercium*. En effet, la *res religiosa* se trouve avec celui auquel elle appartient *(ad quem pertinet)*, dans un rapport analogue à la propriété; lui seul est autorisé à en user conformé-

(16) Aussi leur refuse-t-on, lorsqu'on leur a volé la chose à eux-mêmes, l'*actio furti* (v. la L. 76, § 1 de furt. (47. 2)... *si honesta ex causa interest.* V. aussi la L. 12, § 1 ibid, *Nemo de improbitate sua consequitur actionem*) et l'*actio ad exhibendum* (L. 3, § 11 ad exh. (10, 4). L'action en partage d'hérédité ne s'étend point à ce qui a été acquis « *vel vi aut latrocinio aut aggressura* » L. 4, § 2 fam. erc. (10, 2).

ment à sa destination; il a, comme le possesseur, la faculté d'exclure tout autre; en un mot, il a à ce rapport un intérêt juridiquement reconnu et protégé (17). En cas de trouble violent de ce rapport, on trouve certainement réunies les conditions qui d'après SAVIGNY, suffisent pour les interdits possessoires; pourtant on refuse ceux-ci à l'ayant-droit (18), et on lui accorde d'autres moyens de protection.

Il en est de même du rapport entre le père et son fils. L'intérêt pour lui, et le tort de la partie adverse étaient-ils moindres lorsque l'on retenait son enfant que lorsqu'on retenait son esclave? Cependant dans ce dernier cas, on lui accordait l'*interdictum utrubi*, un interdit possessoire, tandis que dans le premier il devait recourir à des interdits spéciaux *(de liberis exhibendis* et *ducendis*).

b. Personnes. Les esclaves et les fils de famille sont, comme on le sait, incapables de posséder, en droit romain 19. D'après SAVIGNY (p. 109) « cette proposition résulte évidemment de la » règle générale d'après laquelle le fils de famille ne peut avoir » de droits patrimoniaux quelconques. » Fort bien! mais comment cette explication se concilie-t-elle avec l'idée de SAVIGNY que dans la possession ce n'est pas le patrimoine qui est protégé, mais la personne? S'il était vrai que les interdits possessoires naissent de l'idée du délit, il aurait été impossible de les refuser absolument au fils de famille, car il y aurait droit au même titre que d'après la L. 9 de O et A. (44. 7.) « *Suo nomine nullam actionem habet* NISI INJURIARUM *et* QUOD VI AUT CLAM *et depositi et commodati.* »

(17) Les textes à l'appui sont dans mon *Esprit du droit romain*, t. IV, p. 344, on peut y joindre celui d'Orelli Corp. inscr. II n. 4358, signalé par RUDORF sur SAVIGNY l. cit. p. 616, et dans lequel il est question de la tradition d'un monument funéraire (*in vacuam possessionem... ire aut mittere*).

(18) L. 80, § 1 de poss. (41, 2).

(19) L. 49, § 1 de poss. (41, 2).

3. Protection de la possession de *l'injustus* ou *malae fidei possessor*.

Voici encore, à mon avis, une contradiction insoluble dans l'opinion de SAVIGNY. On refuse au voleur et au brigand *l'act. furti* et *l'act legis Aquiliae* (20); comment aurait-on pu leur accorder les interdits possessoires, si l'on avait vu dans ceux-ci des actions pour délits? Que l'on compare la manière dont s'expriment les jurisconsultes dans les L. 12 § 1 et L. 76 § 1 de furt. cit. « *Furtio actio*, dit la L. 12, *malae fidei possessori non datur, quamvis interest ejus rem non subripi, quippe cum res periculi ejus sit*, SED NEMO DE IMPROBITATE SUA CONSEQUITUR ACTIONEM *et ideo soli bonae fidei possessori, non etiam malae fidei furti actio datur* » et la L. 76 § 1 : « *nam licet intersit furis rem salvam esse, quia condictione tenetur, tamen cum eo is cujus interest furti habet actionem* SI HONESTA EX CAUSA INTEREST ». Ici encore SAVIGNY nous met en face d'une énigme irrésolue et insoluble, et il n'a fait aucune tentative pour concilier avec son idée ces deux passages, dont il se sert lui-même dans un autre but, contre ses adversaires (p. 47). Si le propriétaire enlève clandestinement ou violemment la chose au *malae fidei possessor*, ou s'il la détruit, ce dernier n'a contre lui ni la *condictio furtiva*, parce qu'elle présume la propriété, ni *l'act. furti*, parce qu'elle présume un intérêt, ni *l'act legis Aquiliae* parce qu'elle présume un droit sur la chose, ou tout au moins la *bonae fidei possessio*; le propriétaire volé repoussera l'action *ex delicto*, en se prévalant simplement de sa propriété (21). Si au contraire le *malae fidei possessor* se sert d'un interdit possessoire, ainsi qu'il peut le

(20) L. 12 § 1, L. 76 § 1 de furt. (47, 2.) L. 10, § 6, arg. L, 17 pr. ad leg. Aq. (9, 2). Mais on leur accorde les actions contractuelles p. ex. l'*act. commodati* L. 15, 16 Commod. (13, 6), l'*act. depositi* L. 31 Dep. (16, 3).

(21) Il repousserait de même l'*act. depositi* du voleur L. 31 § 1 Dep. (16, 3) in fine.

faire aujourd'hui pour les meubles aussi bien que pour les immeubles, depuis que Justinien a mis complètement sur la même ligne les interdits *uti possidetis* et *utrubi*, alors le défendeur ne sera pas admis à exciper de sa propriété, et la *malae fidei possessio* du demandeur ne sera agitée que pour autant que *l'exceptio vitiosae possessionis* soit fondée vis-à-vis de lui. Qui ne sent que la base d'appréciation est complètement différente dans les deux cas : dans le premier c'est le point de vue du délit qui domine, dans le second, il s'agit de tout autre chose.

4. Inexistence de la nature délictueuse dans tous les interdits possessoires.

On ne peut reconnaître l'existence de cette nature délictueuse que dans un seul interdit, dans *l'interd. unde vi*, on doit la nier dans tous les autres. Savigny veut la justifier pour *l'interd. de precario* en disant (p. 11) « qu'il est injuste en soi d'abuser de la » bonne volonté d'autrui, tout comme il est injuste de recourir » à la violence pour s'emparer d'une chose. » Mais si cette assertation était exacte, on devrait aussi appeler actions de délit la *condictio ex mutuo, l'act. commodati* et *l'act. praescriptis verbis* qui peut avoir lieu du chef du *precarium*. L'interdit *de precario* peut, il est vrai, assumer une couleur délictueuse par le dol du précariste([22]), tout comme la revendication (par le *dolus praeteritus* du possesseur), mais cette simple possibilité ne convertit pas plus l'interdit que la revendication en une action de délit. En dehors de cette circonstance, il est dirigé au même titre, tant contre l'héritier que contre l'auteur([23]).

Dira-t-on que le refus de restituer renferme nécessairement

([22]) Il en résulte que l'héritier du précariste ne répond ici, comme partout, du délit de son auteur que jusqu'à concurrence de ce dont il s'est enrichi. L. 8, § 8 de prec. (43, 26).

([23]) L. 8, § 8 cit. *heres ejus, qui precario rogavit, tenetur quemadmodum ipse.*

un *dolus?* Nullement. Supposons par exemple que l'héritier ou le tuteur du précariste devenu fou, n'ait aucune connaissance du précaire, ou que le précariste lui-même ait appris dans l'intervalle qu'il est propriétaire. Dans ce dernier cas, c'est à fort bon droit qu'il refuse la restitution : « *idcirco quia receptum est, rei suae precarium non esse* (24) ».

Des deux interdits *retinendae possessionis*, il en est un, *l'interd. utrubi*, dans la forme qu'il avait avant Justinien, qui résiste à tous les efforts que l'on pourrait tenter pour le mettre en harmonie avec l'idée de SAVIGNY. On sait que cet interdit pouvait être dirigé non seulement contre celui qui avait immédiatement soustrait la possession au demandeur, mais aussi contre tout tiers, même contre le *bonae fidei possessor*; la seule condition était que le demandeur eût possédé plus longtemps que le défendeur dans l'année antérieure, à compter du moment de l'intentement de l'action. SAVIGNY, que je sache, ne s'est jamais attaché à concilier cet interdit avec son opinion; s'il l'avait essayé, il se serait convaincu de l'impossibilité de l'entreprise. Aux deux endroits où il aurait dû le faire (p. 11, 31), il passe notre interdit sous silence. Lorsqu'il caractérise les *interdicta retinendae possessionis*, il insiste sur la condition de la lésion violente de la possession, (p. 374), et il invoque, en ce qui concerne l'interd. *utrubi*, les mots « *vim fieri veto* » de la formule de la L. 1 p. utrubi (**43**, 31). Lorsqu'il traite spécialement de ce dernier interdit, il ne trouve sur ce point « rien de spécial à signaler » (p. 388) (25). Mais quel était le sens de

(24) L. 4, § 3 ibid., L. 45 p. De R. J. (**50**, 17), L. 21 p. de usuc. (**41**, 3), L. 31 § 1 Dep. (**16**, 3). La preuve de la propriété établit *ipso jure* le non fondement de l'interdit V. mon Esprit du D. R., IV, p. 63.

(25) RUDORFF lui-même, si versé dans la connaissance du système formulaire romain, et dont on aurait dû attendre, plus que de qui que ce fût, la démonstration de l'inadmissibilité de cet argument tiré de la formule, n'y trouve rien à redire; du moins, je ne trouve aucune observation de sa part à la suite du passage cité (p. 374 note 3).

ces mots : « *vim fieri veto* » ? Ce n'était évidemment pas qu'une violence devait avoir eu lieu pour que quelqu'un pût intenter l'interdit, mais bien que le défendeur ne pouvait opposer aucune violence au demandeur lorsque celui-ci voulait emporter la chose (*quominus is eum ducat*). La violence n'était pas plus une condition de cet interdit qu'elle ne l'était pour les nombreux interdits non possessoires pourvus de la même formule. Autrement, le Préteur, au lieu de parler au futur, aurait dû parler au passé, comme par exemple dans l'interd. *quod vi aut clam : quod* — FACTUM·EST. ou dans l'interd. *unde vi : unde* — DEJECISTI.

Il me sera permis d'être bref quant à l'*int. uti possidetis*, en présence des études minutieuses auquelles il a donné lieu dans ces derniers temps ([26]). Il n'est pas vrai « que la lésion violente » de la possession » soit une des conditions de cet interdit (SAVIGNY, p. 374). L'investigation du juge « *num vis facta sit contra edictum Praetoris*, » se réfère au temps *après* et non au temps *avant* l'octroi de l'interdit. Celui-ci pouvait être invoqué sans difficulté par les deux parties dans le cas d'une controverse possessoire (*controversia de possessione*) toute pacifique et exempte de toute violence, par exemple, s'il s'agissait entre deux prétendants à une hérédité de savoir lequel avait le premier pris possession du fonds héréditaire; et c'est précisément dans cet exemple qu'Ulpien (fr. 1. § 3 uti poss. **43**, 17) et Gaius (IV, 148) trouvent leur point de départ dans la discussion de cet interdit. D'après SAVIGNY, l'implorant aurait dû dans ce cas être repoussé.

5. Inutilité des interdits possessoires considérés comme actions de délits spéciales à côté de celles qui existent.

S'il était vrai que le Préteur eût voulu, par les interdits possessoires créer seulement une nouvelle espèce d'actions pour

([26]) V. surtout HERMANN WITTE, *Das Interdictum uti possidetis*, Leipzig, 1863, et spécialement p. 40 ss.

délits, ce serait vainement que l'on chercherait à justifier l'utilité de son innovation, car les actions existantes suffisaient amplement: pour le trouble à la possession, l'interdit *quod vi aut clam* et l'*actio injuriarum* (27), pour la soustraction de la possession, l'*act. furti*, qui dans le droit ancien s'étendait même aux choses immobilières (28), et comprenait à la fois la soustraction clandestine et la soustraction violente (29), et aurait pu, au besoin, s'étendre même au précariste (30).

Les *condictiones* tendant à la restitution de la possession.

Ce n'est que dans ces derniers temps que BRUNS (31) les a remises en lumière, et a observé (p. 416) qu'elles ne se » concilient pas avec la théorie de SAVIGNY. » La possession y apparait comme objet et base indépendante de l'action, en dehors de toute violence. Dès lors il est absolument impossible de soutenir que, dans l'idée des Romains, c'est la violence seule qui donne à la possession son importance juridique.

Pour résumer tout ce qui précède en une seule proposition, la théorie de SAVIGNY attribue au Préteur la création d'actions *ex delicto* :

1. Qui étaient parfaitement superflues à côté de celles déjà introduites par le droit civil (nº 5);

2. Ces actions étaient refusées à ceux auxquels elles auraient du être concédées, d'après les principes qui concernent les actions pour délits (nºs 1 et 2);

---

(27) V. des exemples du premier dans L. 7 § 5, 6, 9, 10, L. 9, 11. etc. Quod vi (**43**, 24); de la seconde dans L. 13, § 7 de inj. (**47**, 10) et Paulus S. R. V. 6 § 5.

(28) Gellius XI, 18 § 13.

(29) L. 1 vi bon (**47**, 8) Gaius III, 209.

(30) Cf. Gell. loc. cit. avec L. 66 pr., 67 pr. de furt. (**47**, 2).

(31) *Das Recht des Besitzes im Mittelalter und in der Gegenwart*. Tübingen, 1848, p. 27 ss.

3. D'autre part, elles étaient accordées à ceux auxquels elles auraient dû être déniées, d'après les mêmes principes (nº 2) et enfin,

4. à l'exception d'une seule, on ne peut y découvrir la plus légère trace d'un délit (nº 4).

III

LES AUTRES THÉORIES RELATIVES

1. *Théorie de Thibaut*

Le point de départ de THIBAUT [32], dans sa théorie de la possession, n'est point le fait pur et simple, mais l'*exercice des droits* [33] considéré comme une forme spéciale d'état de fait. Nous aurons, par la suite, occasion de montrer quel fécond emploi on peut faire de ce point de vue pour l'intelligence de la théorie de la possession. Seulement THIBAUT fonde la protection de la possession sur une base très chancelante. « C'est, » dit cet auteur « un principe dominant et nécessaire » en raison, que nul ne peut vaincre juridiquement autrui, » s'il n'a des motifs prépondérants d'un droit meilleur; il en » résulte que cet état de choses, purement de fait en soi, devient » de la plus haute importance juridique, parce qu'il conduit à » cette règle que tout individu qui exerce de fait un droit, doit » être maintenu dans cet état de fait jusqu'à ce qu'un autre » ait démontré avoir un droit meilleur. »

Mais si la possession est simplement un état de fait, pourquoi

(32) *System des Pandektenrechts*, 8e édit. § 203-204. — Dans son ouvrage sur la possession et l'usucapion. Jena 1802. § 2. il n'allègue aucun motif pour la protection de la possession.

(33) V. aussi dans ce sens HUFELAND. *Ueber den eigenthümlichen Geist des Römischen Rechts*. 2e partie 1re section, p. 5 ss. p. 18 ss.

faut-il un *droit* prééminent pour y mettre fin? Un état de fait naît et passe sans que le droit y ait aucune part. C'est un fait que mon tilleul protège le voisin contre les rayons du soleil, mais qui le protège si je veux abattre l'arbre? C'est un fait, pour un marchand d'avoir une clientèle étendue, mais quel est le droit qui empêche un concurrent de la lui enlever? Si la circonstance que la possession renferme l'exercice d'un droit, n'est pas suffisante pour lui donner le caractère de rapport juridique, s'il faut au contraire la ranger, d'après THIBAUT, sur la même ligne que tous les autres états de fait, il faut admettre pour les uns et les autres la même loi et dire que leur naissance, leur existence et leur cessation ne sont que l'effet de la force physique.

Vaincre, dans la sphère du droit, suppose certainement un *droit prééminent*, mais transporter cette idée sur le terrain du fait c'est oublier ce que l'on a dit de celui-ci.

Mais admettons même que ce soit la prééminence du droit qui décide. Certes, le locataire expulsé par un tiers qui n'a aucun droit ni sur, ni à la chose, possède *un droit meilleur* que ce tiers, car son état de fait repose au moins sur une concession obligatoire de la part du vrai propriétaire; pourquoi donc n'est-il pas écouté, pourquoi lui refuse-t-on les interdits possessoires? Il y a bien plus : si ce locataire soustrait à son tour la possession à l'expulseur ou à son héritier, pourquoi lui refuse-t-on absolument, dans le procès possessoire, la preuve d'un droit meilleur qu'il offre de faire?

Il en résulte que l'explication de THIBAUT, qui parait se tenir exclusivement sur le terrain du fait, envahit en même temps celui du droit, mais qu'elle ne répond ni sur celui-ci ni sur celui-là aux principes qui leur sont propres.

Si la possession n'est réellement qu'un état de fait, elle ne peut tirer aucune protection *juridique* de ce que la force capable d'effacer un état de choses doit être plus énergique que celle qui le maintient; l'argumentation qui s'agite absolument dans la sphère physique ne peut que s'y maintenir quant à ses résultats. Si au contraire la possession est un *droit*, ce point de vue conduit à donner à la protection possessoire une toute autre physionomie que celle que lui a donnée le droit romain. Le système spécial du droit romain pour la protection de la possession ne peut être compris par ce moyen.

2. *L'opinion de Röder*(34)

Elle présente le même vice. Cet auteur asseoit le fondement des interdits possessoires sur le droit d'*irréprochabilité* qui s'exprime par la règle : *Quilibet praesumitur justus (? — bonus) donec probetur contrarium*. En vertu de ce droit « dont jouit » tout possesseur, il faut admettre provisoirement, que tout » rapport extérieur dans lequel il se trouve vis-à-vis d'une » personne ou d'une chose, et qui peut avoir pour base et pour » cause un droit nécessaire à son exercice, ne subsiste aussi en » réalité qu'en vertu de ce droit, et que par conséquent ce » rapport n'est pas injuste. »

L'application de ce droit primordial à la possession est forcée. Il ne s'agit point dans la possession, de l'irréprochabilité d'un *rapport* extérieur, mais bien de l'irréprochabilité d'une *personne*. Si la personne est irréprochable, le détenteur ne l'est pas moins que le possesseur juridique, et le non-possesseur pas moins que le possesseur. Le non-possesseur aurait le même droit que le possesseur, d'être personnellement cru, car cette prétention n'est nullement étayée sur le fait extérieur de la possession. Donc si la possession est appuyée sur une présomption de légitimité, il faut que cette présomption soit justifiée d'une autre manière : celle tirée de la personne ne peut servir ici. Mais en fût-il autrement, — si le possesseur n'a qu'une présomption en sa faveur, pourquoi est-il défendu à l'adversaire de l'énerver par la preuve contraire? Que devient l'irréprochabilité, si l'adversaire établit que c'est

(34) *Grundzüge des Naturrechts oder der Rechtsphilosophie*. 2e édit. 2e section, p. 250.

lui-même qui est propriétaire et que le demandeur a volé la chose? Si dans la procédure possessoire on ne considère point la possession comme un rapport juridique indépendant, mais comme une preuve de l'existence d'un droit complètement différent, pourquoi ne s'élève-t-on pas jusqu'à ce droit lui-même et n'admet-on pas la preuve et la contre-preuve, en d'autres termes, pourquoi ne convertit-on point le possessoire en pétitoire?

L'idée de RÖDER peut suffire à expliquer pourquoi, dans la procédure revendicatoire, le possesseur reste exempt de preuve — bien que cette libération du défendeur du fardeau de la preuve, n'ait, comme on le sait, rien de commun avec la possession comme telle, car elle se représente dans toutes les actions — mais cette idée ne peut certes pas expliquer le caractère particulier de la *possession*, c'est-à-dire l'exclusion de la question de droit dans le procès possessoire. Or c'est précisément là que se révèle le mérite de toute théorie sur la possession.

Nous sommes partis de la supposition que RÖDER a pris pour base de sa théorie la notion scientifique habituelle ou romaine de la possession; que celui qui dans un traité de philosophie du droit veut en établir une autre, le fasse, je ne conteste ce droit à personne, mais au moins qu'il dise alors pourquoi et comment il s'écarte du droit romain; c'est ce que Röder n'a point fait.

Des trois opinions qui rattachent la protection de la possession à la propriété, l'une (la plus ancienne) l'asseoit sur

3. *La probabilité de la propriété*

Cette opinion était autrefois fort répandue[35]. SAVIGNY lui a reconnu une certaine autorité dans la 3e, 4e et 5e édition de

[35] SAVIGNY désigne comme un de ses derniers défenseurs HUFELAND, l. cit. p. 43, mais on ne l'y trouve pas clairement accentuée. V. aussi RANDA, l. c. note 7.

son ouvrage ([36]), tandis qu'il la rejette dans la sixième. Dans la 7e, qui a été publiée après sa mort, on trouve une addition de lui (p. 512) d'après laquelle « cette présomption n'est pas préci-
» sément erronée en elle-même, puisque certes la majeure
» partie des possesseurs ont effectivement droit à la possession;
» il faut plutôt l'écarter à raison de la théorie toute spéciale du
» droit romain en matière de possession. »

Le défaut de cette opinion n'est point là où SAVIGNY le trouve : dans la circonstance que le droit romain ne reconnaît point pareille présomption — il ne s'agit pas ici d'un précepte juridique positif, mais d'une question législative, qui n'a pas été plus amplement développée dans le droit romain, et pour laquelle nous pouvons nous servir de toute expression, même inconnue aux Romains, pourvu qu'elle rende exactement la chose. — Le défaut réside en ce que le prétendu motif qu'on allègue aurait besoin lui-même d'être justifié. Supposons, en effet, que le législateur dise : Je veux présumer que le possesseur est propriétaire : chacun lui demandera : Pourquoi voulez-vous présumer cela? Il est de règle que tout droit doit être démontré; quel est le motif qui oblige à s'en écarter exceptionnellement pour la propriété? Il ne suffit pas pour cela du fait statistique que dans la plupart des cas le possesseur est en même temps propriétaire, pas plus que la statistique de la mortalité ne peut établir la présomption qu'une certaine personne est morte à un certain

([36]) § 2 à la fin : « Si on demande pourquoi a été introduite cette espèce
» de protection contre la violence, c'est-à-dire pourquoi l'expulsé doit
» obtenir la restitution de la possession (peut-être tout-à-fait injuste) qu'il
» a perdue, on peut dire avec certitude que cette protection repose sur la
» présomption générale que le possesseur peut être aussi le propriétaire.
» Sous ce rapport donc on peut considérer la possession comme une ombre
» de la propriété, comme une propriété présumée, mais cela ne se réfère
» qu'à la justification de l'institution juridique en général, et non au motif
» juridique d'une possession concrète quelconque. »

âge, ou qu'elle vit encore. Du reste, cette présomption devrait logiquement conduire au résultat d'accorder au précédent possesseur, en vertu de la seule possession, une action *in rem* contre les tiers (action pour protéger la possession antérieure); car pourquoi la présomption une fois reconnue fondée, devrait-elle être restreinte à un seul cas? Il en est tout-à-fait de même de la présomption que nous avons rejetée plus haut, de la légalité ou de la bonne foi personnelle du possesseur. Le véritable élément de cette opinion réside dans l'idée, que dans la possession il s'agit d'une preuve spéciale et plus facile de la propriété — nommons la possession, dans ce sens, une propriété présomptive, provisoire ou, comme SAVIGNY, une ombre de la propriété — mais après avoir constaté ce fait, on n'a pas encore établi le fondement, ni affirmé le besoin, la nécessité de cette facilitation de preuve. Nous chercherons plus loin à l'établir nous-même.

La nuance de l'opinion ci-dessus, d'après laquelle c'est la propriété *possible* qui est protégée dans la possession [27], si elle prétend par là indiquer le motif législatif de la protection possessoire, aggrave la difficulté, loin de la résoudre. L'écart entre la simple possibilité de la propriété et la protection de la possession est encore plus grand que celui qui a pour point de départ la probabilité. Pourquoi une simple possibilité devrait-elle être protégée, et où trouve-t-on ailleurs des exemples d'une protection pareille?

La seconde opinion qui tire la protection de la possession de la propriété est :

---

[27] On ne la rencontre nulle part scientifiquement développée, mais elle repose sur des expressions occasionnelles, sur des nuances linguistiques que je n'ai pas rassemblées. Il n'est pas question ici de la « possibilité juridique subjective » de PUCHTA (Cours § 122), qui n'est que l'expression sous une autre forme, de son opinion, que nous examinerons plus loin.

4. *L'opinion de Gans* [38] *: ce qui est protégé dans la possession c'est la propriété commençante*

Un des effets de la possession consiste notoirement dans l'usucapion. Il est parfaitement exact que l'*actio publiciana* protège dans la possession *ad usucapionem* la propriété commençante. Mais aussi, comme nous l'avons déjà souvent remarqué [39], seulement dans la possession *ad usucapionem*. La possession du *malae fidei possessor*, quelque longtemps qu'elle soit continuée ne conduit pas à la propriété, et cependant elle est protégée. Cette protection — et c'est précisément là la protection de la possession comme telle — ne peut donc être justifiée au point de vue qui nous occupe.

Je devrais placer ici l'exposition de ma propre opinion, mais je préfère la reculer encore et examiner d'abord les théories absolues.

VI

LES THÉORIES ABSOLUES

Les théories de la volonté

A côté de l'opinion dont nous venons de parler, on trouve dans GANS une autre solution de notre question. La détention de la chose, dit-il, considérée comme acte de la volonté du sujet, peut ou bien se trouver en harmonie avec la « volonté universelle, » c'est-à-dire avec la loi — et dans ce cas c'est la *propriété*, ou bien reposer seulement sur la « volonté particulière » — et dans ce cas c'est la *possession*, — et le motif pour lequel la volonté est

---

(38) *System des Röm. Civilrechts*. Berlin, 1827, p. 201, 212. *Ueber die Grundlage des Besitzes*. Berlin, 1839. Voyez plus loin un autre système du même auteur.

(39) RUDORFF dans *Zeitschrift für Gesch. R.* W. VII, p. 98, 99. Savigny l. c. p. 42.

reconnue et protégée, même dans cette dernière direction, c'est que la volonté « en elle-même, est un élément substantiel qui » réclame protection; la volonté particulière de la personne, » lorsqu'elle s'applique aux choses, est un droit, et doit être » traitée comme telle. » PUCHTA (40) adopta l'idée de GANS et la convertit en son opinion connue, que la possession est un droit de la personne même. D'après cet auteur, « la volonté d'une per- » sonne juridiquement capable, doit jusqu'à un certain point (?) » être reconnue en droit, même avant d'être établie juste, préci- » sément parce que c'est la volonté d'une personne juridiquement » capable, et que dès lors il est *possible* qu'elle soit juste. Dans » la possession se trouve par conséquent protégée la possibilité » du droit, c'est-à-dire la capacité juridique; le droit de posses- » sion n'est qu'une espèce particulière de droit de la personna- » lité, le droit de la personnalité appliqué à la soumission » naturelle des choses. »

A la différence de GANS et de PUCHTA, qui ne touchent la question du fondement de la protection accordée à la possession qu'à l'occasion de la nature juridique de la possession, BRUNS (41) en fait l'objet d'un examen séparé. Mais, de prime abord, il place la question sur un terrain trop étroit en la limitant à la protection contre « la violence, le trouble violent, et la soustrac- « tion. » Il ne serait pas difficile, d'après lui, d'alléguer des considérations empiriques d'opportunité justifiant une pareille

(40) Dans sa monographie : *Zu welcher Klasse von Rechten gehört der Besitz?* parue d'abord dans le Museum Rhenan III, n° 17, et plus tard recueillie dans ses *Vermischte Schriften*, n° 14, (p. 255 ss.). Voyez aussi la monographie publiée, p. la 1re fois dans le même recueil au n° 15 : *Ueber die Existenz des Besitzrechts*. Malgré la violente polémique qu'il avait ouverte contre GANS dans la première de ces dissertations, PUCHTA admet cependant, dans la seconde, p. 265, note a, que « GANS s'est exprimé dans le même sens. »

(41) *Recht des Besitzes im Mittelalter*, etc. TÜBINGEN, 1848, § 58.

protection, mais « ce serait avancer de bien peu dans une « question où la science exige positivement une nécessité juri- « dique interne tirée de la nature même de la possession. » Des deux facteurs de la possession, le pouvoir physique et la volonté, le premier, comme simple état de fait, ne renferme pas le moindre fondement d'une protection juridique. Mais il en est autrement du second. « La volonté qui se réalise dans la pos- « session, bien qu'elle ne constitue aucun droit, et qu'elle existe » *purement en fait*, peut-être même en contradiction des plus » ouvertes avec tout droit, doit cependant être protégée à » raison de sa nature générale. — La volonté est en elle-même, » dans son essence, absolument libre et c'est précisément la » reconnaissance et la réalisation de cette liberté qui constitue » tout le système juridique. La contrainte et la violence exercées » contre la volonté sont donc, en général, par elles-mêmes, et » sans égard à sa légalité particulière, des injustices, contre » lesquelles la volonté doit être protégée. Ce n'est que lorsque » la volonté se met en opposition immédiate, directe, avec la » volonté universelle ou le droit (Résistance contre l'autorité de » l'État ou voie de fait contre un autre), qu'elle apparaît comme » volonté injuste, contre laquelle sont permises la contrainte et » la violence. — La possession n'est donc point un droit comme » la propriété, l'obligation, etc., mais un fait; seulement, ce » fait est protégé contre la violence parce qu'il est la manifes- » tation positive de la volonté, et en considération des droits » généraux de la volonté. Ce sont donc avant tout la personna- » lité et la liberté des hommes qui reçoivent dans la protection » de la possession une pleine consécration juridique. »

Plusieurs auteurs ont adhéré à cette opinion ([42]); il se peut

([42]) Particulièrement RANDA loc. cit. et RUDORFF dans la dernière édition de la *Possession* de SAVIGNY, p. 589. WINDSCHEID Pandectes § 148, note 6.

qu'elle présente un côté séduisant, mais elle est insoutenable à mon avis. Bien qu'elle diffère de l'opinion de SAVIGNY en ce qu'elle donne à la défense de la violence un motif interne : la volonté concrète incorporée dans la possession, tandis que SAVIGNY l'applique à la possession comme un postulat externe de l'ordre juridique, elle se confond cependant en dernière analyse avec l'opinion de SAVIGNY ([43]), ainsi que celui-ci l'a remarqué lui-même, avec beaucoup de raison, en répondant à PUCHTA (p. 43). « Moi aussi, dit-il, je base cette protection sur l'inviola- » bilité de la personne et sur le rapport qui s'établit entre elle » et la chose qu'elle s'est assujettie. » Je doute néanmoins si le fait de transporter ainsi l'injustice de la violence de la sphère de l'ordre juridique dans celle de la volonté subjective, ne rend pas l'opinion de SAVIGNY plus fausse encore, plutôt qu'elle ne l'améliore. En tous cas, il m'est bien plus aisé de concevoir la défense de la violence au point de vue de l'ordre juridique objectif qu'au point de vue de la volonté subjective.

On ne peut espérer résoudre une controverse sans au préalable se mettre d'accord sur le point de vue que l'on veut adopter. Cette observation est de la plus haute importance pour la question qui nous occupe, car on paraît loin de s'entendre sur le point de vue auquel il faut se placer. Tantôt c'est le droit romain que l'on a en vue, tantôt c'est un droit idéal quelconque que l'on accommode selon les besoins du moment. C'est pourquoi je crois opportun de déclarer que toute la discussion qui va suivre est exclusivement fondée sur le droit romain. Si je réussis, comme je l'espère, à prouver que la théorie de mes adversaires ne peut se concilier avec le droit romain, ni avec sa doctrine spéciale sur la possession, ni avec ses autres doctrines et ses autres principes, il sera établi que cette théorie peut bien avoir une valeur philosophico-juridique ou législative — je passe cette

([43]) C'est ce que reconnaît aussi WINDSCHEID loc. cit.

question sous silence, bien que je conteste même ce point, — mais elle ne pourra certainement aspirer à une valeur historique, à une autorité dogmatique en droit romain, et c'est là tout le but de ce travail.

Je suis d'accord avec mes adversaires pour admettre que la volonté est la *vis agens* de tout le droit privé. Mais la loi fixe la mesure et les bornes de la volonté : celle-ci ne devient un pouvoir juridique que lorsqu'elle se maintient dans les limites qui lui ont été assignées par la loi. Il n'est pas vrai de dire que même au-delà de ces limites, sans la protection du droit, et même en contradiction ouverte avec lui, elle puisse prétendre à l'efficacité; le droit, pour la lui accorder, devrait se mettre en contradiction avec lui-même. C'est, à mes yeux, créer une pure énigme que de dire que le but du droit qui est « de garantir dans les limites du » possible la réalisation sans entraves (?) de la volonté indivi- » duelle », aurait pour conséquence « que la volonté traduite » en action doit être juridiquement protégée contre toute con- » trainte non légitime, même lorsqu'elle ne se trouve pas sur » le terrain du droit, mais seulement sur le terrain du fait. » (RANDA p. 86)[14]. Il faut distinguer la personnalité et le rapport constitué injustement. La première, malgré l'injustice commise, reste ce qu'elle est et ne perd rien de sa protection juridique; mais il n'en résulte nullement que la personnalité puisse, comme un saint miraculeux, ennoblir, guérir, épurer tout ce qui est mauvais, malade ou impur, et couvrir du manteau de

---

[14] Cette thèse me paraît encore plus incompréhensible en présence de la sagacité avec laquelle l'auteur montre lui-même, dans la suite, la faiblesse de l'allégation de SAVIGNY, que la soustraction violente de la possession est par elle-même une injustice. V. plus haut note 8. Son prétendu droit de la volonté d'être protégée contre toute violence, même en cas d'injustice, n'est pas autre chose, en effet, que la répétition, sous une autre forme, de l'idée de SAVIGNY sur l'interdiction de la défense privée, la transformation d'un principe juridique objectif en un droit subjectif.

sa propre protection juridique tous les rapports injustes dans lesquels sa volonté a pu s'incorporer. Ces rapports peuvent être parfaitement distincts d'elle; ils sont son ouvrage, mais ils ne sont point la personnalité elle-même; on peut détruire l'œuvre sans atteindre l'ouvrier (45).

« Mais, dit-on, le coup que l'on porte à l'œuvre est déjà par » lui-même une injustice! » C'est précisément ce que je conteste. C'est là l'idée de SAVIGNY de l'injustice formelle renfermée dans toute lésion de la possession, idée qui, à mon avis, ne peut soutenir l'examen en droit romain.

L'état peut toujours parvenir, et parvient en effet, à prohiber et à maintenir la violence dans de certaines limites, sans faire aucune exception en faveur de ceux qui ont été victimes du vol ou du brigandage, lorsqu'ils emploient la violence contre le voleur ou le brigand. Mais le motif qui détermine l'État, n'est pas la pensée que même le voleur et le brigand, ont, de par la liberté absolue de leur volonté, un droit irrécusable à être protégés dans la jouissance pacifique de leur rapine : c'est la considération législative et politique que la défense privée est une arme à double tranchant et qu'il vaut mieux que l'État lui-même tienne en main le glaive de la justice. Au point de vue du sujet, je ne puis, en ce qui me concerne, arriver à condamner la défense privée et l'histoire elle-même n'y est parvenue qu'après avoir traversé la phase de la subjectivité pure du droit. Quelle injustice subit le brigand si la victime lui soustrait la chose ravie, à la première occasion? La volonté, dit-on, est libre, toute contrainte est contraire à son essence. N'est-ce donc pas par contrainte que l'autorité publique enlève violemment la chose à celui qui n'y a pas droit ? Oui, mais dit-on, cela se

(45) C'est ainsi que la considération de la personnalité défend au créancier de maltraiter le débiteur fugitif, mais nullement de confisquer les choses qu'il peut saisir sur lui. L. 10 § 16 quae in fr. cred. (42. 8.)

fait avec les formes juridiques. Certes, mais le fait de la contrainte n'en subsiste pas moins; la volonté n'est donc pas si absolument sacrée et inviolable, ni la contrainte si absolument condamnable.

La résistance de la volonté illégale contre le droit peut et doit être, le cas échéant, brisée par la violence externe; le moyen d'atteindre ce but est une pure question de forme, dont la solution convenable est bien un des problèmes les plus importants de l'administration de la justice, mais qui ne constitue pas à mes yeux, le droit du voleur et du brigand — pas plus que la conduite adroite du siège d'une place forte n'est un droit pour l'assiégé.

Mais écoutons le droit romain sur cette question. Nous demandons : la défense privée et la violence sont-elles, d'une manière absolue, une injustice inconciliable avec l'idée de la liberté de la volonté telle qu'elle est réalisée dans le droit romain?

Cette question doit sans aucun doute être résolue négativement au point de vue du droit antique. Ce droit, bien loin de condamner et de poursuivre en principe la défense privée, y voyait au contraire une manifestation naturelle, une conséquence nécessaire de la liberté de la volonté, et il veillait seulement à ce qu'elle se maintînt dans les justes bornes et s'exerçât suivant les formes prescrites [40].

Mais le droit nouveau lui-même, sous l'influence de ces vues nationales antiques, accorde à la défense privée une étendue qui ne peut se concilier avec l'opinion que nous combattons. Le *possessor justus* avait, jusqu'au temps de Justinien, le droit d'expulser violemment (pourvu que ce ne fût point à main armée) le *possessor injustus* qui opposait de la résistance; de même, le bailleur, et en général le possesseur pouvait expulser

---

(40) V. mon *Esprit du droit romain*, I, p. 119 et ss.

celui qui détenait en son nom ([47]), et l'absent, celui qui durant son absence s'était emparé de la possession de son fonds. Comment concilier ces théories avec l'opinion que l'idée dirigeante de toute la théorie possessoire, est l'inviolabilité ou l'absolue liberté de la volonté. Il importe peu que les jurisconsultes romains, en faisant fléchir adroitement la notion de la possession, aient rattaché ces cas, en tout ou partie, à la notion de la défense privée : ce qui est décisif, c'est que toutes ces personnes ont en fait la chose en mains; leur volonté de se maintenir dans cet état, se manifeste clairement et de manière à ne plus permettre un doute, par la résistance qu'elles opposent. Elles subissent par conséquent cette injustice qui renferme prétendument une lésion absolue de la personnalité et contre laquelle le droit ne peut laisser personne sans défense : c'est-à-dire la *violence*. Et cependant elles sont obligées de la subir.

On voit par là que le droit romain, loin d'appliquer à la doctrine de la possession le point de vue *formel* d'une injustice reposant uniquement sur la violence, se laisse guider par le point de vue *matériel* du rapport juridique qui existe entre les personnes. Le même acte de violence, selon qu'il est commis par des personnes ou contre des personnes différentes, est soumis à une appréciation complètement distincte, d'après les rapports réciproques de ces personnes.

Ce que nous venons d'observer par rapport à la possession est vrai aussi pour les obligations. Si le point de vue que nous combattons était fondé, tout possesseur d'une chose d'autrui, même le voleur et le brigand, devrait avoir, contre la soustraction ou le dommage, les actions de délit qui y correspondent. Est-ce le cas? Non! L'*actio legis Aquiliae*, la *condictio furtiva*,

([47]) Cette dernière conséquence que j'ai toujours soutenue, vient d'être longuement développée par K. Ziebarth. *Die realexecution und die obligation*, Halle, 1866. p. 57 ss.

l'*actio furti*, l'*actio vi bonorum raptorum* sont refusées à toutes ces personnes, et en général à tout *malae fidei possessor*, et cela non-seulement contre le vrai propriétaire, mais même contre tout tiers ([48]). Or, la question qui nous occupe se présentait aux jurisconsultes romains d'une manière bien plus nette pour ces actions que pour les interdits possessoires, car ici il faut décider *ex professo* la question relative au délit. Si c'est d'une manière absolue un délit que d'enlever violemment ou clandestinement une chose à autrui, ou de l'endommager et de la détruire, pourquoi ces personnes sont-elles privées des remèdes dont il s'agit? Quelle contradiction évidente que celle où tombent nos adversaires! Les actions possessoires dont la nature délictueuse est pour le moins assez problématique, poursuivent comme *délit* un acte qui n'est point considéré comme tel dans les actions dont la nature délictueuse n'est l'objet d'aucun doute!

Il en était de même de la *contrainte*, avant le *Decretum Divi Marci;* le débiteur contraint par son créancier n'avait point contre celui-ci une action de délit — l'injustice formelle contenue dans la violation de la libre volonté du débiteur n'était point prise en considération, vis-à-vis du droit matériel du créancier ([49]).

De tout ce qui précède il devrait au moins résulter clairement que ce n'est pas une idée romaine mais moderne que de donner à la volonté illégale une position inattaquable, d'où elle ne peut être délogée qu'en forme juridique, et de prétendre que la volonté, même quand elle se trouve en contradiction avec les lois, peut par elle-même prétendre à être protégée. Il est donc impossible que cette idée puisse avoir servi de règle aux Romains dans leur conception de la possession. Pour mieux nous en convaincre, examinons cette conception elle-même.

([48]) V. pour l'act. leg. Aq. L. 11 § 6. 8. ad leg. Aq. (9. 2), pour les autres actions v. ci-dessus p. 15.

([49]) L. 12 § 2 quod met. (4. 2.).

Si le rapport extérieur de la possession n'acquiert de l'importance que par cette circonstance que la volonté s'incorpore en elle, et est lésée avec elle, si par conséquent les interdits possessoires reposent sur l'idée de la lésion de la volonté, on peut se demander :

1. Comment ces interdits peuvent-ils être accordés dans un cas où l'on ne rencontre aucune lésion de la volonté et où il s'agit plutôt uniquement de l'existence ou de la non-existence de la possession ?

Deux prétendants à une même hérédité, qui ont l'intention de se mettre en possession du fonds héréditaire, arrivent, par des chemins différents, au même moment, sur ce fonds; ils désirent savoir lequel d'entre eux a acquis la possession, si c'est un seul *in solidum*, ou tous les deux ensemble. Il ne peut être douteux qu'ils doivent débattre cette question au moyen de l'*interdit, uti possidetis*, car on ne les obligera certes pas à commettre des actes de violence afin de pouvoir constater une lésion de la volonté. Deux co-possesseurs sont en désaccord sur une réparation à faire, et ils désirent provoquer une décision judiciaire. D'après la L. 12 Comm. div. (10. 3) ils l'obtiendront au moyen de l'*int. uti possidetis*, sans qu'aucun acte de violence soit exigé. L'*interd. utrubi*, avant Justinien, permettait de réclamer la possession même contre le tiers possesseur qui n'avait pas reçu la chose du demandeur, mais d'un tiers quelconque, peut-être même d'une manière parfaitement légale. L'idée d'un délit était aussi étrangère à cet interdit qu'à la *reivindicatio*.

2. Si c'est *la volonté* qui est protégée, et si la possession se présente seulement comme manifestation de la volonté, pourquoi exiger la condition de la possession lorsque la volonté est manifestée d'une autre manière? Un chasseur poursuit une pièce de gibier, un autre la tue sous ses yeux : ici aussi pourquoi ne pas accorder une action contre le second pour avoir frustré la volonté du premier?

Dans un local public, quelqu'un met un signe sur une chaise;

un autre, qui l'a vu, s'empare de la chaise. La volonté de prendre cette chaise pour lui était clairement manifestée par le premier : qui pourra songer dans ce cas à une action possessoire? Il importe peu, du reste, que la volonté ait pour but la détention permanente ou passagère de la chose. Si la volonté, par elle-même, mérite protection, elle doit être respectée dans l'un cas aussi bien que dans l'autre.

3. Que de choses incompréhensibles, ensuite, dans le sein même de la théorie possessoire? Pourquoi n'y a-t-il point de possession sur les choses qui n'en sont pas susceptibles, pourquoi pas d'action au fils de famille capable de vouloir, pourquoi pas de protection pour les possesseurs au nom d'autrui? Dans tous ces cas, la volonté, comme telle, est incontestable, elle existe aussi bien que dans le cas du voleur et du brigand, et si pour ces derniers, la nature juridique de leur rapport avec la chose n'a aucune influence, à cause de la nature de la volonté, pourquoi en est-il autrement dans les cas susdits? C'est à l'aide de pitoyables prétextes que l'on cherche à couvrir ou à sauver cette éclatante contradiction. Il n'est pas toujours vrai que le détenteur connaisse le motif qui exclut la possession juridique dans sa personne. Un fils de famille qui, d'après une annonce digne de foi de la mort de son père, se considère comme père de famille, a indubitablement l'*animus possidendi;* et cependant son interdit sera repoussé si l'adversaire démontre que le père est encore en vie. Je connais le cas d'un marchand de bois qui avait la persuasion d'être propriétaire de la place où il déposait son bois depuis plusieurs années, tandis qu'il fut établi plus tard, qu'une partie de cette place était *locus publicus*. L'autorité communale l'invita à la débarrasser, et sur son refus, fit enlever le bois d'office. La lésion de l'*animus possidendi* était indubitable, et cependant le demandeur fut repoussé dans l'instance possessoire, par l'exception péremptoire de l'incapacité de la chose. L'héritier qui ignore que son auteur n'était que fermier du fonds, doit s'en croire propriétaire, il a donc également l'*animus possidendi* ou *domini*.

Mais à quoi bon, si le locataire établit le véritable état des choses?

Mais en admettant même que le détenteur connaisse le motif qui exclut la possession juridique dans sa personne, je ne vois pas la conséquence qu'on peut en déduire, du moment que l'on n'a égard qu'à la volonté comme telle? Pourquoi les personnes, qui, comme le fermier ou le locataire, ont un droit à la jouissance de la chose, droit relativement protégé et transmissible à leurs héritiers, ne pourraient-elles pas aspirer pour leur volonté dirigée vers cette jouissance, à la même reconnaissance et à la même protection que le précariste, toujours exposé à une révocation, que le créancier antichrésiste qui peut être éloigné à tout moment par une offre de paiement ou que l'usufruitier qui ne peut transmettre son droit à ses héritiers? C'est une vaine subtilité que d'objecter qu'ils n'ont point la volonté de *posséder*. D'ordinaire ils n'ont pas la moindre notion de la différence qui existe entre la détention et la possession juridique, et leur volonté de posséder ne se distingue en rien de celle des autres personnes indiquées plus haut. Mais dira-t-on, ils ne *peuvent* pas avoir cette volonté. Il résulterait de là que le motif pour lequel on leur refuse la possession, ne réside pas dans leur volonté mais dans les règles du droit; la possession leur fait défaut parce qu'ils n'ont pas la volonté, et pourquoi leur dénie-t-on la volonté? Parce que le droit ne leur accorde pas la possession!

Bruns (p. 494), allègue comme explication que « le commodat » et le louage ne donnent point de droit réel, ni par conséquent » de pouvoir immédiat sur la chose. » Mais je demanderai si le précariste a un droit réel? Il n'a pas même le droit relatif que possède le fermier, le précaire peut lui être enlevé à tout instant. Et cependant il a la possession juridique! Je suppose un instant que le droit romain ne se soit jamais prononcé sur le rapport possessoire de ces deux personnes — quelqu'un se serait-il jamais avisé de le déduire de l'idée de la liberté et de l'inviolabilité de la volonté?

Le fermier n'a, en droit romain, aucun remède possessoire, et ce précepte était en vigueur, à Rome, à l'origine, même pour les fermiers des *agri vectigales*, jusqu'à ce qu'ils obtinssent, par l'édit du Préteur des remèdes pétitoires et possessoires.

Une pareille innovation répondait-elle à leur volonté? Celle-ci était-elle si modifiée que le Préteur dût se croire obligé de les reconnaître comme possesseurs? On fera difficilement admettre que le fermier d'un *ager vectigalis* eût une autre volonté que tout autre fermier.

Dans la réfutation qui précède, je n'ai compris que les défenseurs principaux de l'opinion que je combats, et l'on n'exigera certainement point que je fasse connaître toutes les variations et fluctuations avec lesquelles elle est reproduite par les auteurs récents [30]. Je crois cependant devoir faire une exception pour WINDSCHEID, parce que cette idée a été tout autrement présentée par cet auteur. « Tout individu, dit-il, dans ses Pandectes » (I p. 365) est égal à un autre dans l'État; nul ne doit s'élever » au-dessus d'autrui, Toute volonté qui se réalise en fait dans la » possession, a, comme telle et abstraction faite de la justice de » son objet, une valeur égale à celle de toute autre volonté » isolée qui voudrait s'assujettir la chose; si une autre volonté » isolée veut se réaliser vis-à-vis d'elle, elle peut en appeler à la » décision des organes de l'ordre juridique établis par l'État. » Mais où réside le motif déterminant de ce recours, si toute volonté a exactement la même valeur qu'une autre? De fait, dans ce cas comme dans tous les autres où la volonté cherche à l'emporter sur la volonté, et la force sur la force, c'est la prépondérance de la force qui décide. Que l'on n'objecte pas que le précédent possesseur peut faire valoir qu'il a déjà exercé sa force, et que le résultat doit en être respecté. Cela serait vrai si

(30) Quant à l'opinion de LENZ. *Das Recht des Besitzes und seine grundlagen*, 1860, voyez WINDSCHEID Pandectes, § 150, n° 1.

ce possesseur avait le droit de son côté dans l'acte de l'appropriation; sinon, si par exemple le brigand qui se voit enlever la chose par un autre brigand plus fort, se réclame seulement de sa possession, c'est-à-dire du fait de l'emploi de sa force, son adversaire pourra lui opposer exactement le même argument; le fait plaide pour lui. Si l'on asseoit la possession uniquement sur la volonté de fait, si on la délie ainsi de tout rapport avec le droit, elle n'est rien d'autre qu'une prime offerte à la force, à la puissance prépondérante, et c'est en vain que l'on s'efforce au moyen de règles empruntées au droit, comme par ex. *in pari causa conditio possidentis melior est*, d'écarter l'inévitable conséquence que la force prime la force. Avec le secours de la simple volonté de fait il est impossible de constituer la possession. La volonté qui se met en opposition avec le droit ne peut prétendre à être protégée, et si le droit a été amené à lui accorder protection par rapport à la possession, il faut en chercher la raison non dans la volonté même, mais ailleurs.

V

LES OPINIONS ABSOLUES (SUITE)

2. *La théorie de Stahl*

Au dire de STAHL ([51]), la possession porte en elle-même son importance juridique. STAHL exprime donc une opinion absolue.

« La possession, aussi bien que la propriété, sert à la destination générale du patrimoine : à la satisfaction des besoins » humains au moyen des choses. Il convient dès lors, de lui » accorder aussi une protection juridique, différente toutefois » de celle de la propriété, c'est-à-dire non point une garantie » *de la chose même*, garantie dirigée par conséquent contre toute

([51]) *Die Philosophie des Rechts*. 2 vol. sect. I. p. 364 s. 2e édit.

» personne qui détient la chose, mais seulement une garantie » de l'*état de fait*, dirigée seulement contre celui qui *fait cesser* » cet état (au moyen d'une action *positive* c'est-à-dire d'un délit). » — L'intention du possesseur est de conserver l'*état de fait des* » *choses*. L'institution de la possession n'est qu'un règlement » provisoire ou subsidiaire du même rapport, dont le règlement » véritable et définitif est l'institution de la propriété. C'est » pourquoi la possession doit être dans un rapport constant avec » la propriété. »

Le fondement de la protection accordée à la possession repose ainsi, dans l'idée de STAHL, sur l'intérêt économique que présente pour le commerce, même la simple détention. Cet intérêt est, je le reconnais, tout-à-fait incontestable pour ce qui concerne le possesseur en particulier; pour l'emploi économique qu'il veut faire et qu'il fait de la chose, il importe fort peu qu'il y soit autorisé ou non; si la chose lui est soustraite, il est économiquement lésé. Mais ce point de vue de l'intérêt économique pur n'est pas décisif pour le droit. A cet intérêt doit se joindre encore un motif qui autorise le possesseur à vouloir être juridiquement protégé. Là où manque ce motif, le droit refuse sa protection, et l'intérêt reste un simple intérêt de fait; là où il existe, le droit accorde sa protection et élève ainsi le simple intérêt au rang de *droit*. Relativement au rapport de la personne avec la chose, le droit romain rattache cette protection à la notion de la propriété, c'est-à-dire à la preuve des conditions qui sont déterminées dans la théorie sur les modes d'acquisition de la propriété.

L'intention, le but du droit, est de réaliser l'état qui correspond en fait à la notion juridique de la propriété, d'assurer la possession au propriétaire. Il est certes facile de concevoir que dans l'intérêt de l'ordre public, le droit prohibe tout trouble arbitraire de l'état de fait des choses — par une mesure de police, comme, par exemple, la défense de faire du tapage nocturne — mais de là ne résulte nullement qu'après un trouble causé au possesseur par le propriétaire, la contestation qui pouvait décider d'une manière définitive les rapports de ces deux personnes, doive être limitée au seul état de fait, et réglée seulement d'une manière provisoire, par suite de la défense faite au propriétaire de se prévaloir de sa propriété. Au-dessus de l'intérêt de la conservation d'un pur état *de fait* se trouve celui du rétablissement de l'état *de droit* et si la mission de la police est en effet de se limiter au premier, il répugne à la mission du juge de fermer l'oreille au droit pour n'écouter que le fait. STAHL lui-même s'en est aperçu, et c'est pour cela qu'il trouve dans l'exception péremptoire de la propriété, prétendument accordée par la pratique judiciaire germanique contre le possessoire, un progrès dans le développement de l'idée de la possession; tandis que cette innovation, si elle existait réellement, ce qui n'est point, contiendrait au contraire un abandon complet de la notion possessoire romaine. Et c'est uniquement de cette dernière, et non d'une notion arbitraire qu'il s'agit ici.

Il est encore un autre point dans la théorie romaine de la possession qui ne peut se concilier avec l'idée de STAHL. C'est cette antithèse, fatale à tant d'autres tentatives d'explication, entre la possession juridique et la simple détention. Si la conservation de l'état de fait, est le fondement et le but de la protection accordée à la possession, pourquoi le droit romain restreint-il cette protection au possesseur juridique? Si l'on a égard à l'intérêt économique de la personne, celui du locataire et du fermier n'est certainement pas moindre que celui du voleur et du brigand; si l'on a égard au prétendu motif philosophico-juridique de la possession : à la destination du patrimoine de servir aux besoins de l'homme, on doit admettre que la chose sert à ce but aussi bien dans les mains de l'un que dans celles de l'autre. Ce sont précisément les deux traits caractéristiques de la théorie possessoire romaine : l'exclusion de la question de droit du procès possessoire, et la distinction entre la possession juridique et la possession naturelle, qui restent pour STAHL des énigmes non résolues.

Et cependant STAHL cotoyait la vérité de bien près! S'il avait suivi l'idée « de la relation constante de la possession avec la propriété » qu'il émet lui-même, elle l'aurait certainement conduit au but. Mais cette idée n'apparait chez lui que comme un éclair, c'est un pressentiment momentané de la vérité et dont il néglige de déduire les conséquences. C'est en effet, en général, un trait distinctif de ce grand esprit que souvent chez lui les idées se pressent et se chassent l'une l'autre, et qu'à côté de celles qu'il déclare lui-même décisives et qu'il cherche à démontrer, il se rencontre des germes d'idées complètement hétérogènes.

VI

LA POSSESSION EST UNE POSITION AVANCÉE DE LA PROPRIÉTÉ

Insuffisance de la protection de la propriété sans la protection de la possession

Je passe maintenant à l'exposition de ma propre opinion. Je la comprends dans la proposition suivante : *La protection de la possession, comme extériorité de la propriété, est un complément nécessaire de la protection de la propriété, une facilité de preuve en faveur du propriétaire, laquelle profite nécessairement aussi au non-propriétaire.*

L'idée de mettre la possession en rapport avec la propriété n'est pas neuve, comme le prouve l'exposition qui précède.

La possession est « l'exercice de la propriété » (p. 20), c'est la propriété « présumée, possible, commençante » (p. 23ss, 26), elle est, « en rapport constant avec la propriété » (p. 40) : SAVIGNY lui-même, bien qu'au surplus il ne partage pas cet avis, lui a cependant reconnu un certain degré de vérité, peut-être même n'a-t-elle pas été sans influence sur sa découverte de l'*animus domini*. Mais la manière dont on a cherché jusqu'ici à motiver cette connexion n'est pas satisfaisante, à mon avis; aussi suivrai-je une autre voie dans l'examen qui va suivre.

Cette nouvelle tentative semblerait au premier abord rencontrer un obstacle dans la manière dont les jurisconsultes romains repoussent toute confusion de la possession avec la propriété.

Nihil commune habet proprietas cum possessione dit Ulpien dans la L 12 § 1 de poss. (**41**.2); *permisceri causas possessionis et usufructus non oportet, quemadmodum nec possessio et proprietas misceri debent,* dit Venulejus dans la L. 52 pr. ib.; et dans la L. 1 § 2 uti poss. (**43**.17) Ulpien allègue pour motif de l'introduction de l'*interd. uti possidetis : Quod separata esse debet possessio a proprietate.* Mais dans quel sens sont employées ces expressions? Dans un sens, où elles n'affectent nullement notre opinion, c'est-à-dire dans le sens de l'indépendance *pratique* et *dogmatique* de la possession vis-à-vis de la propriété. Le droit est indifférent dans la question possessoire, toute intervention de la question de propriété est exclue, en principe, du procès possessoire, — nous atteignons également à ce résultat. Mais il en est tout autrement du rapport *législatif* ou *philosophico-juridique* de ces deux institutions et c'est de cette question qui n'a peut-être jamais été soulevée par les jurisconsultes romains([52]) qu'il s'agit ici.

La protection de la possesion est un postulat de la protection de la propriété, elle est le complément indispensable du système de la propriété des Romains.

Moins que personne je suis disposé à regarder la propriété comme la seule justification pratique ou logique du rapport de l'homme avec les choses; mais à mon avis, du moment et partout où ce système est mis en vigueur, la protection de la possession en est le complément indispensable. Je puis me figurer un état

([52]) Tout au plus pourrait-on alléguer en ce sens les expressions insuffisantes de Nerva rapportées dans la L. 1 § 1 de poss. : *Dominium rerum ex naturali possessione copisse.*

juridique, fondé uniquement sur la possession, c'est-à-dire où le détenteur de la chose n'est protégé par des remèdes possessoires et des *actiones delicti* que contre celui qui empiète immédiatement sur son rapport avec la chose, sans avoir la *reivindicatio* contre des tiers; — ce serait, appliqué à *toutes* les choses, le même rapport juridique qui a lieu en fait partout, pour *l'argent*. Mais je ne puis concevoir en pratique un état juridique basé uniquement sur la propriété romaine, avec exclusion des interdits possessoires, c'est-à-dire un état dans lequel il serait nécessaire de fournir la preuve de la propriété pour repousser un empiètement (53).

Voyez, en effet, où conduirait un pareil système. Dans tout trouble possessoire, le propriétaire devrait se prévaloir de sa *propriété*, et non de sa possession; il devrait par conséquent en fournir, le cas échéant, la preuve, même dans le cas de vol ou de *damnum injuria datum*, et la recevabilité de son action dépendrait de la preuve de sa propriété, même dans la *cond. furtiva* et l'*act. legis Aquiliae*. Cela reviendrait à proscrire tous ceux qui ne pourraient pas prouver leur propriété!

Mais objectera-t-on, le droit romain a effectivement rattaché ces *act. delicti* à la preuve de la propriété, la *condictio furtiva* était expressément restreinte au propriétaire (54), et la *Lex Aquilia* n'accordait l'action du *damnum injuria datum* qu'à l'*herus*, c'est-à-dire au *dominus* (55).

(53) Arndts, dans la *Zeitschr. für Civilr. und Process.* Nouv. série III, p. 414, s'exprime en sens contraire : Un système juridique, qui n'accorderait à la seule possession, comme telle, aucune protection juridique, présenterait assurément une sensible lacune, mais il ne serait cependant pas impossible d'atteindre le but de la propriété, pourvu que l'action revendicatoire reste.

(54) L. 1, de cond. furt. (13, 1.) : *In re furtiva soli domino condictio competit.*

(55) L. 11, § 6, ad Leg. Aq. (9, 2); *Legis autem Aquiliae actio hero competit i. e. domino.*

Cela est vrai. Mais s'ensuit-il que le demandeur devait *prouver* sa propriété? Cette conséquence paraît si nécessaire que ma demande fait l'effet d'une *quaestio Domitiana*. Et cependant, non-seulement je tiens la question pour sérieuse, mais encore je n'hésite pas à y répondre : non. C'est une erreur répandue de croire que le demandeur dût faire la preuve de toutes les conditions *positives* de son action, dont il est fait mention dans les sources, de manière que l'élément de fait de l'affaire fût toujours accompagné d'une proposition de preuve. On ne vient à son secours par une présomption que pour les conditions *négatives :* pour les obstacles à son droit, comme par exemple dans la question de savoir si la chose est susceptible d'usucapion ou dans la question de la *bona fides* dans l'usucapion. Que l'on essaie seulement la force de cet axiome : une condition du *mutuum* est la propriété des pièces d'argent([56]) : d'après cette opinion le demandeur devrait donc en faire la preuve dans la *condictio ex mutuo*. Personne ne croira que jamais juge romain ait imposé une preuve aussi absurde. Mais alors, dira-t-on, pourquoi cette condition, si elle n'est pas prise en considération? Elle était prise en considération, sans nul doute, mais non par rapport au demandeur, elle l'était pour le défendeur, c'est-à-dire comme élément de la preuve contraire indirecte. Pour le demandeur il suffit de prouver qu'il a livré l'argent; c'est affaire au défendeur, s'il conteste la force obligatoire du *mutuum*, pour défaut de transmission de la propriété, d'apporter cette preuve([57]). Cette exception, qui du reste pouvait être éliminée([58]) par suite de la consommation de l'argent et de la transmission de la propriété, qui en aurait été la conséquence ultérieure, ne lui était point réservée pour lui donner matière à chicane,

---

([56]) L. 2, § 4 De R. Cr. (**12**, 1).
([57]) Arg. L. 13, § 1, ibid. *Admonitus (creditor) alienos nummos fuisse.*
([58]) L. 11, § 2, L. 13, de R. Cr. (**12.** 1). L. 56, § 2, de fidej. (**46.** 1).

mais pour prévoir le cas où l'argent d'autrui remis par le demandeur aurait été évincé par le véritable propriétaire (59). Sans la condition de la transmission de la propriété, même dans ce cas, le *mutuum* aurait été absolument obligatoire et dans l'ancien droit, qui comme on le sait, n'admettait point d'exceptions, le défendeur aurait dû inévitablement être condamné, vu l'existence des conditions du *mutuum*. Sous la condition de propriété il n'y avait ainsi qu'une espèce d'exception que l'ancien droit accordait *ipso jure* au défendeur dans un cas tout-à-fait spécial (60).

La condition de propriété a le même sens dans d'autres cas encore, par exemple dans le *legatum per vindicationem* (61). Pour la validité de ce legs, il fallait que le testateur fût propriétaire de la chose (62). Si cela avait eu cette signification que le légataire qui n'avait en mains aucun document, devait fournir cette

(59) V. un exemple dans la L. 1 § 1 de stip. serv. (**45**, 3) ... *nummi tui manebunt, vindicando ergo eam pecuniam tu consequi potes*. V. aussi L. 15, in f. de reb. dub. (**34**, 5).

(60) V. dans mon *Esprit du Droit Romain*, t. IV, p. 62 s. une exposition détaillée de cette forme de défense de l'ancienne procédure; j'ai fourni le même exemple (p. 73) que ci-dessus. Un autre exemple que je n'y ai point cité est contenu dans le principe que l'héritier, et en général tout grevé ne répond envers le légataire qu'en tant qu'il ait reçu lui même quelque chose (L. 1, § 17 ad sc. Trebell. **36**, s. L. 114, § 3 de leg. I, **30**). D'après la contexture de ce principe : *neminem oportere plus legati nomine praestare, quam ad eum ex hereditate pervenerit*, le légataire devrait prouver que l'hérédité suffit pour le paiement des legs — lui qui ne sait pas un mot de la consistance de l'hérédité! mais sous cette formule se cache uniquement une exception qu'il appartient à l'héritier de faire valoir et de prouver. Arg. L. 70, § 1 de leg. 2 (**31**) *non est audiendus, si velit computare*.

(61) Je me suis également expliqué sur ce point dans l'ouvrage cité, t. IV, p. 74.

(62) Gaius II, 196.

preuve à l'héritier qui seul pouvait en posséder, le legs serait resté dépourvu d'effets dans la plupart des cas. Ici encore cette règle avait pour but d'offrir à l'héritier une exception fondée, à savoir que le testateur avait légué un objet qui ne lui appartenait point, mais cette exception, il ne pouvait point se borner à l'opposer, il devait la prouver.

C'est de la même manière que la jurisprudence romaine prescrivait pour la validité des actes juridiques faits par un esclave pour son maître, que celui-ci en fût propriétaire. On ne prétendra pas que le demandeur fût obligé de prouver la propriété dans la forme ordinaire du moment qu'il plaisait au défendeur de contester cette propriété par esprit de chicane. Sinon, on devrait en dire autant des actions noxales qui étaient aussi dirigées contre le *dominus* (63). Or, nul doute, que cette preuve n'était pas exigée, mais qu'au contraire on considérait comme propriétaire le simple possesseur de l'esclave — le propriétaire de fait dans mon système (64). Seuls le créancier gagiste et le précariste sont exceptés, *licet enim juste possideant, non tamen opinione domini possident*, comme dit la L. 22 § 1, c'est-à-dire : ils ne se gèrent point en propriétaires. Il en résulte que c'est uniquement cette attitude du demandeur et nullement sa conviction d'être propriétaire qu'a en vue la condition de propriété. Ce qui le prouve c'est que le *malae fidei possessor* lui-même a l'action. L. 13 cit. Il en est de même des stipulations des esclaves; leur maître était considéré sans autre preuve comme propriétaire, et c'était au défendeur à démontrer l'invalidité de la stipulation en établissant le défaut de la propriété. Justinien alla même jusqu'à lui refuser complètement cette preuve contraire en déclarant

(63) V. les termes de la loi des XII tables dans la L. 2, § 1 de nox. act (9, 4) : *si servus sciente* DOMINO etc. et les nombreux textes de ce titre qui parlent du *dominus*.

(64) L. 28 ibid. *ipso jure noxalis actio contra eum competit.*

absolument probante la mention contenue dans l'écrit de la stipulation que l'esclave appartenait au demandeur (65).

Ces preuves, auxquelles je pourrais en ajouter beaucoup d'autres tirées d'autres matières, peuvent offrir un point d'appui pour la solution de la question du sens que peut avoir eu la condition de propriété dans la *cond. furtiva* et dans *l'act legis Aquiliae*. Cette condition n'avait point d'autre sens, à mes yeux, que de permettre au défendeur de se soustraire à l'action, en prouvant que la chose appartenait non au demandeur mais à un tiers (66).

Le défendeur à ces actions, en prouvant que la chose n'appartenait point au demandeur faisait exactement comme le défendeur à *l'act. furti* qui pouvait se soustraire à la poursuite en démontrant que le demandeur lui-même avait volé la chose (67), et n'y avait par conséquent pas *d'interesse*.

Je m'attends bien à ce que cette opinion, précisément parcequ'elle ne se trouve pas directement énoncée dans les sources, ne trouve pas grâce aux yeux de tous ceux qui exigent pour toutes les assertions une preuve directement tirée des sources, et je ne serais nullement étonné d'entendre un étudiant, dans un cours de pratique, imposer au demandeur la preuve de sa propriété dans le cas où elle lui serait contestée par le défendeur à une *actio mutui* ou à une *condictio furtiva* et à *l'act legis Aquiliae*. Mais je considère pareille erreur comme impossible pour un praticien; je suis convaincu au contraire que, sans même y être poussé par notre théorie, il appliquerait de lui-même le principe

(65) L. 14 Cod. de contr. stip. (8. 38), *tales scripturas omnifariam esse credendas*.

(66) Il est indifférent, ici, que dans la suite on ait accordé pour le *damnum injuria datum*, même au *bonae fidei possessor* une action *in factum* c'est-à-dire une prétention indépendante qui ne pouvait être énervée par cette preuve contraire, V. L. 11 § 8 ad. l. Aq. (9. 2).

(67) L. 12 § 1 de furt. (47, 2).

énoncé par l'art. 2230 du Code Napoléon : *On est toujours présumé posséder pour soi et à titre de propriétaire, s'il n'est prouvé qu'on a commencé à posséder pour un autre* (68).

Quel est maintenant le résultat de ce qui précède pour la question des interdits possessoires? Le voici, à mon avis :

Le droit romain accorde au *propriétaire* la *cond. furtiva* et *l'act. legis Aquiliae*, mais il lui en facilite la preuve en se contentant de la démonstration du simple *état de fait* (extériorité de la propriété) c'est-à-dire de la possession — *le possesseur est tenu pour propriétaire jusqu'à preuve contraire.*

La facilité de preuve qui est accordée au propriétaire dans les actions susdites, existe aussi pour la possession, mais la possibilité laissée au défendeur d'énerver la preuve du demandeur en établissant la propriété dans son propre chef ou dans le chef d'un autre, est exclue en principe dans les actions possessoires. *Cette exclusion, en principe, de la question de propriété, imprime à la possession son caractère particulier.* D'où vient cette différence? Dans les *act. delicti* ci-dessus, l'auteur du délit qui a restitué la chose volée au propriétaire supposé ou qui a presté une indemnité pour le dommage, n'est pas pour cela dégagé de sa responsabilité vis-à-vis du véritable propriétaire (69), et cette circonstance, si on lui refusait la preuve en question, l'exposerait au péril d'une double prestation. Le défendeur au possessoire n'a jamais à redouter un pareil danger. La restitution de la possession au demandeur, même non propriétaire, et le cas

(68) V. aussi l'art. 2279 : *En fait de meubles, possession vaut titre.* La présomption de *posséder pour soi* existait également dans la pratique romaine. V. en une preuve dans Paul. Sent. Rec. V. L. 1, § 2 : *sufficit ad probationem, si rem corporaliter teneam.*

(69) L. 76, § 1 de furt (47, 2)... *Cum posteriore fure dominus furti agere potest, fur prior non potest... sed et condictionem (habet), quia ex diversis factis tenentur.*

échéant, la cessation de tout trouble ultérieur, le mettent à l'abri de toute nouvelle action tirée de son fait.

Conformément à ce qui précède, on peut envisager la possession comme une position, un ouvrage avancé de la propriété. Ce n'est pas pour elle-même qu'elle est protégée, c'est en considération de la propriété. Dans la possession, le propriétaire se défend contre les premières attaques tentées contre son droit. Sur ce terrain ne se livre point une bataille décisive pour la propriété, mais une simple escarmouche, un combat d'avant-postes, dans lequel, pour continuer la comparaison, il ne faut pas de grosse artillerie, mais l'arme blanche seulement, — contre les voleurs et les brigands on n'use pas du canon!

C'est donc en vue de la propriété qu'a été introduite la protection de la possession. Mais il était impossible d'accorder cette protection au propriétaire sans que les non-propriétaires en profitassent en même temps. Et en effet, si la preuve réellement nécessaire de la propriété se borne à la démonstration de son extériorité, cette facilité tourne à l'avantage de tout individu qui est en mesure de se prévaloir personnellement de cet élément. La possession acquiert de cette manière, vis-à-vis de la propriété, une indépendance telle, qu'au lieu de servir exclusivement à la propriété, elle peut aussi se tourner contre celle-ci. Le même service que la possession rend au propriétaire qui possède, de le protéger sans difficultés contre les attaques étrangères, elle le rend au *non-propriétaire* qui possède, et cela même contre le *propriétaire* qui ne possède point [70].

L'intelligence exacte de ce rapport est, selon moi, le véritable point saillant de toute la théorie possessoire. Si on le considère comme l'aspect normal de la possession, on arrive nécessaire-

[70] L. 4 § 26 de usucap. (41, 3.) *Si dominus fundi possessorem vi dejecerit, ... interdicto unde vi restituturus sit possessionem.*

ment aux théories susdites qui cherchent le but de la possession dans la possession même; si l'on voit au contraire, avec moi, le but de la possession dans la facilité de preuve introduite en faveur du propriétaire, ce rapport devient un simple complément. Pour les défenseurs de la 1e opinion, ce rapport est le *but* de la possession, pour moi il en est une *fâcheuse mais inévitable conséquence*, le tribut que doit payer la loi pour procurer au propriétaire la protection plus aisée de la propriété qui a été introduite en sa faveur.

Il y a un parallélisme frappant entre la possession et les titres au porteur.

Ceux-ci doivent leur introduction au même motif, à la simplification et à la facilité de preuve, qui est à mes yeux la première base de la protection possessoire. La preuve que l'on est créancier, est fournie par la simple présentation du titre. Mais par cela même précisément cet avantage profite au voleur et au brigand tout aussi bien qu'au véritable propriétaire.

Ici également, une institution créée dans l'intérêt du véritable ayant-droit, peut tourner à son désavantage, car elle permet même au non-ayant-droit de réaliser ses prétentions à ses dépens. Mais qui songera jamais à conclure de là que le but des titres au porteur est de faciliter au voleur et au brigand l'obtention de papiers de valeur? Tout le monde aperçoit ici la distinction qu'il faut faire entre les conséquences d'une institution que le législateur a voulues, et celles qu'il n'a point voulues mais que l'on ne peut écarter[71]. En pratique, il est vrai, cette

---

(71) Je développe dans la présente édition le point de vue à peine effleuré dans la première. J'avais cru qu'il aurait suffi de l'indiquer en présence du frappant exemple cité dans le texte, pour le justifier et justifier du même coup la considération législative que l'on en peut tirer. Mais l'expérience m'a appris que j'étais dans l'erreur et qu'il n'est nullement superflu de développer une vérité qui, à mon avis, est d'une évidence palpable.

distinction est sans importance aucune, car toutes ces conséquences jouissent de la même protection. Mais si le jurisconsulte élève ses regards jusqu'aux raisons législatives ou juridico-philosophiques d'une institution, cette distinction s'impose à lui d'une façon telle, que s'il la perd de vue, il s'expose aux erreurs les plus grossières et sera conduit à supposer au législateur les intentions les plus absurdes. Aussi longtemps qu'il sera vrai de dire que les institutions humaines, à côté des avantages qu'elles se proposent, entrainent souvent aussi des inconvénients et des désavantages que l'on doit subir si l'on veut profiter de leurs bénéfices, l'historien et le jurisconsulte qui voudront juger du sens d'une institution, devront se laisser guider dans leurs appréciations, par la considération que fait valoir Cicéron lorsqu'il apprécie le Tribunat romain. *Fateor*, dit-il dans son traité de legib. III. c. 10, *in ipsa ista potestate, inesse quiddam mali, sed bonum, quod est quaesitum in ea, sine isto malo non haberemus.*

La valeur pratique d'une institution n'est point déterminée par la circonstance qu'elle ne présente que des avantages, mais par la balance qui s'établit entre ses avantages et ses désavantages, et la prépondérance des premiers. Ce point de vue doit être décisif non-seulement pour le législateur, mais aussi pour l'historien et pour le jurisconsulte philosophe.

Si donc ce dernier, conformément à ce qui précède, relève les les avantages comme des conséquences voulues de l'institution et les préjudices comme des conséquences voulues, mais inévitables, aucun homme éclairé ne lui en contestera le droit, ou n'exigera qu'il justifie sa distinction par des témoignages législatifs exprès. La conception législative de la plupart des institutions juridiques serait bien difficile, si elle n'était possible qu'à la condition de l'existence de pareils témoignages. Quelle est, par exemple, la loi nouvelle qui nous montre la double physionomie de l'institution des titres au porteur? Ce sont là des points qui doivent être découverts et déterminés par la science, c'est-à-dire par l'appréciation intelligente des rapports de la vie et des buts du commerce. On peut rechercher si dans tel ou tel cas particulier, elle a rencontré juste, mais lui contester le droit de faire cette distinction serait lui refuser le droit de faire autre chose que de répéter servilement le texte de la loi. Si on taxe d'arbitraire le procédé que j'applique à la possession, par le motif que je n'allègue aucun texte de loi à l'appui de mon système, je permets à mes adversaires de se retrancher dans la facile position que voici :

La possession du voleur est protégée dans notre droit positif, tout comme celle de l'honnête homme, et dès lors la théorie dominante peut asseoir sa doctrine sur la possession du premier, c'est-à-dire sur la notion abstraite de la volonté (qui n'est en réalité autre chose que le droit du voleur et du brigand) avec autant de raison que je fonde la mienne sur la possession du second.

Cela étant, voyons comment on combattra le raisonnement suivant, forgé d'après la même recette.

Une sentence judiciaire a vigueur même lorsqu'elle convertit le droit en injustice et l'injustice en droit. Il suit de là, dirai-je, que le but des sentences judiciaires est de convertir l'injustice en droit, et le droit en injustice; et de même que l'on croit trouver dans la protection de la possession du voleur et du brigand le triomphe de l'idée de la volonté abstraite, de même on peut voir dans cet effet du jugement le triomphe de l'omnipotence judiciaire, la toute puissance victorieuse de la loi qui brise toute résistance. Et pourquoi ne pourrait-on pas parler aussi d'un droit du juge de faire pendre un innocent, et choisir précisément ce cas comme point de départ de l'étude des fonctions judiciaires? Mais poursuivons notre récolte. Le but du tribunat romain était de bouleverser l'état, car le *veto* des tribuns *pouvait* avoir cette conséquence; on peut donc affirmer que tels étaient l'intention du législateur et le but de l'institution! Le but du droit de grâce est de soustraire les délinquants à la peine qu'ils ont méritée! Un des buts de la loi allemande sur le change est de favoriser les falsifications et les détournements de lettres de change! Car d'après l'art. 13 « tout détenteur d'une lettre de change a le droit de remplir les endossements en blanc qui s'y trouvent » — même les vols, car d'après l'art. 18 « la simple détention de la lettre de change autorise à la présentation » et d'après l'art. 36 « celui qui paie n'est pas obligé d'examiner l'authenticité des endossements. » On voit que la législation allemande sur le change a hardiment suivi le chemin que lui montrait le droit romain dans la protection possessoire du brigand et du voleur, et si l'on réfléchit aux facilités que la création des titres au porteur offre à ces individus, on serait presque tenté de croire que le droit allemand se propose en tout premier lieu de leur faire la vie la plus agréable possible!

Cette assertion que les dispositions du droit moderne allemand sont prises dans l'intérêt des personnes non autorisées, me paraît cependant toute aussi juste que l'opinion dominante sur le fondement des interdits possessoires.

Toutes les deux élèvent au rang de buts les inconvénients de l'institution que la loi ne pouvait écarter, si elle voulait atteindre l'effet qu'elle en attendait. Dans l'un comme dans l'autre cas, c'est l'intérêt de la preuve, l'intention de faciliter celle que la rigueur de la loi exige, qui procure, même aux personnes non autorisées, la possibilité de faire recevoir leurs prétentions; dans l'un comme dans l'autre cas, la loi ne s'est pas exprimée elle-même sur le motif et le but de ses dispositions, mais dans l'un comme dans l'autre cas il suffit d'une appréciation intelligente et exempte de préjugé, pour nous éclairer sur le but et sur l'inévitable conséquence de l'institution. Mais combien ne s'en faut-il pas que nous possédions cette appréciation saine pour la possession! Chacun de nous a été élevé dans l'idée fausse, que la notion de la possession n'atteint son véritable point culminant que chez le voleur et le brigand, et dans toute notre science il y a peu d'idées qui soient autant que celle-là passées dans notre substance même, et qui aient obtenu comme elle l'apparence de la vérité, grâce aux sophismes de la fausse philosophie.

Je ne me dissimule pas qu'une idée aussi profondément enracinée ne peut être arrachée par les observations qui précèdent : par la nécessité de distinguer entre les effets voulus et non voulus d'une institution, et par le parallèle que j'ai tiré de notre droit moderne, sur le faux effet que produit la facilité de preuve introduite en faveur des personnes autorisées en légitimant les personnes non autorisées. En effet, il reste toujours à mes adversaires cette échappatoire d'admettre cette distinction en principe, et dans les cas cités du droit moderne, mais d'en repousser l'application à la possession. Eh bien! je leur accorde cette exception, et je crois pouvoir leur enlever même cette dernière ressource, non par des motifs généraux, ils ne serviraient à rien, mais par des témoignages positifs tirés du droit romain. — Cela sera lui qui décidera.

On sait que les jurisconsultes romains ne se prononcent presque jamais sur le but législatif d'une institution et ce serait en vain que l'on chercherait une explication de ce genre relative à notre matière. Mais en revanche nos sources nous offrent deux arguments pour prouver indirectement l'exactitude de mon opinion. Je dois réserver l'un de ces arguments (le rapport de *l'interd. retinendae possessionis* avec la propriété) pour une explication ultérieure (VII), mais je vais ici même rapporter l'autre.

J'ai fait remarquer plus haut (note 48) que le droit romain refuse au voleur, au brigand et en général au *malae fidei possessor*, les actions personnelles du chef d'enlèvement clandestin ou violent et du chef de dommage causé à la chose d'autrui possédée par eux. Nonobstant cela, le droit leur accorde les interdits possessoires. Comment concilier ces deux dispositions? Comment expliquer que la même personne puisse être déclarée tantôt digne tantôt indigne de protection? Si le mystère de la volonté repliée sur elle-même, qui se réalise dans la possession et y affirme son droit primordial, est en mesure d'élever la possession du voleur jusqu'à être un rapport digne de protection, pourquoi ce rapport n'est-il pas aussi bien protégé par des *actiones delicti* que par des remèdes possessoires? Si le voleur dit : mon adversaire m'a soustrait la possession, on lui accorde protection; s'il dit : il m'a volé la chose, on la lui refuse! Je suis curieux de voir si un défenseur des théories en vogue pourra me donner sur ce point une réponse satisfaisante. Quant à moi, je n'en suis pas embarrassé : *la protection possessoire a été introduite en faveur des gens honnêtes*, tout comme la facilité de procédure réalisée par les titres au porteur, *mais les gens malhonnêtes en profitent nécessairement aussi.* Pour les exclure, en effet, il faudrait précisément se livrer à l'investigation que l'on a voulu éliminer pour abréger la procédure, et voir si le possesseur a ou non un droit. En mêlant la question de droit au débat, on priverait entièrement le propriétaire des facilités que la protection possessoire est destinée à lui procurer; le possessoire se convertirait pour lui en pétitoire.

Il vaut mieux qu'un indigne participe *exceptionnellement* à un bénéfice de la loi, que de voir ce bénéfice refusé même à celui qui le mérite dans le but unique d'exclure le premier.

Je dis *exceptionnellement*. Quelques mots d'explication sont nécessaires. Dans la théorie possessoire, le possesseur légitime et le possesseur illégitime sont mis, il est vrai, sur la même ligne; elle n'admet pour l'un comme pour l'autre ni règle ni exception. Mais il en est tout autrement dans la vie. Que l'on compare les cas où l'on rencontre le rapport normal de la propriété, c'est-à-dire où la possession se trouve entre les mains du propriétaire ou de celui auquel le propriétaire l'a accordée, avec les cas dans lesquels c'est une personne non autorisée qui a la possession, et l'on ne doutera pas que ces derniers ne forment, vis-à-vis des premiers, une infime exception. De plus, la plupart de ces cas exceptionnels, ceux qui concernent des choses mobilières, doivent encore disparaître de la statistique des actions possessoires, car les *actiones delicti* y prennent régulièrement la place des remèdes possessoires. Restent donc seulement les choses immobilières([12]). Or, je le demande, combien de choses immobilières y a-t-il qui se trouvent entre les mains d'une personne non autorisée, au lieu d'être dans les mains de l'ayant-droit; je ne crois pas qu'il y en ait une sur cent, peut-être pas même une sur mille. Si ce fait est exact, je dis que le résultat correspond à l'idée développée plus haut que la protection possessoire tourne à l'avantage du propriétaire, car c'est régulièrement le véritable propriétaire qui en tire profit. En ce sens on peut fort bien justifier l'opinion qui voit dans la possession une propriété commençante (je maintiens la réserve faite plus haut quant à la relevance de la présomption) – la plupart des fonds se trouvent entre les mains des véritables propriétaires: le seul défaut de cette opinion c'est qu'au lieu d'alléguer ce motif statistique à son appui, elle y voit le véritable fondement de la protection possessoire.

Voici maintenant le résultat des déductions qui précèdent : je le formule en thèses afin de faciliter la besogne de ceux qui voudraient examiner ou refuter mon opinion :

1. Ni la théorie du droit, ni le droit romain ne demandent que le voleur et le brigand puissent prétendre à être protégés dans la jouissance paisible des biens illégitimement acquis. L'état peut avoir toute espèce de motifs de défendre les actes de violence, mais il n'en résulte aucun droit pour les personnes violentées contre ceux qui ont enfreint cette défense. La contravention peut être réprimée par voie de police ou par voie

---

([12]) La glose était même d'avis que les choses immobilières pouvaient seules être l'objet d'une vraie possession (SAVIGNY loc. cit. p. 88) et ce qui peut avoir contribué à asseoir cette opinion, c'est l'usage linguistique qui appliquait le mot *possessiones* dans le sens de fonds, et l'étymologie légale même du mot *possidere*, ainsi que le fait remarquer SAVIGNY (p. 81).

criminelle[75]. Dans une contravention aux règlements sur les feux et lumières le voisin menacé ne peut trouver la source d'une action.

2. Si néanmoins ces personnes participent à la protection possessoire, le motif n'en réside point en elles, mais dans les nécessités de l'organisation de la propriété.

3. La propriété limitée à elle-même, c'est-à-dire à la preuve rigoureuse de son existence, serait l'institution du monde la plus incomplète et la plus maladroite. D'après la diversité des circonstances, il peut y avoir et il y a des degrés dans la preuve de la propriété :

1. Preuve d'un mode d'acquisition éloigné :
   a) Preuve des conditions internes et externes : *reivindicatio, negatoria.*
   b) Des conditions externes seulement : *publiciana actio.*

2. Preuve de l'existence actuelle en fait de la propriété, c'est-à-dire de la possession, et cela
   a) ou bien avec réserve de la preuve contraire de la propriété d'un autre, comme exception basée sur le manque d'intérêt : *cond. furtiva* et *act. legis Aquiliae;*
   b) ou bien sans cette réserve : actions possessoires.

4. La facilité de preuve contenue dans la protection possessoire a en vue l'avantage du propriétaire.

5. En règle générale c'est au propriétaire seul qu'elle profite.

6. Le but de cette facilité serait manqué si l'on introduisait dans la controverse la question de savoir si le demandeur est ou non propriétaire.

7. Une conséquence inévitable de cette exclusion de la ques-

(75) Un exemple s'en trouve dans la L. I. C. per vim (8, 5) qui ordonne au Juge de protéger d'office la possession des personnes absentes (*judices absentium, qui cujuslibet rei possessione privati sunt, suscipiant in jure personas*).

tion de droit est de faire participer à la protection possessoire, même le possesseur illégitime.

8. L'expression la plus exacte, d'après cela, pour rendre l'importance pratique de la possession est de dire qu'elle est une position de la propriété. — La possession est un ouvrage avancé de la propriété, dans lequel le propriétaire se défend aussi longtemps qu'il peut s'y maintenir.

A ces thèses, qui ne font que reproduire en substance les déductions qui précèdent, se rattachent les suivantes comme conséquences de l'idée fondamentale contenue dans les premières([74]).

9. La possession est une valeur patrimoniale. Le même intérêt qu'ont l'assiégeant de s'emparer de l'ouvrage avancé et l'assiégé de le défendre, le non-propriétaire l'a d'acquérir la possession et le propriétaire de la conserver. Souvent le sort de la propriété est presqu'entièrement décidé dans la possession — comme dans la possession du titre est décidé le sort de la valeur au porteur. Qui perd ou gagne la possession, perd ou gagne en pratique, dans la plupart des cas, la propriété, c'est-à-dire ce que la propriété est destinée à lui procurer : la sécurité de la jouissance.

C'est précisément pour cela que la possession a une valeur patrimoniale, tant pour le propriétaire que pour le non-propriétaire([75]). Ce côté *économique*, que je crois indiscutable,

---

([74]) Ce sont des additions de cette seconde édition.

([75]) L. 21 § 2 quod met. (4, 2). *Qui possessionem non sui fundi tradidit* (par exemple le créancier hypothécaire) *non quanti fundus, sed quanti possessio est, ejus quadruplum vel simplum cum fructibus consequitur; aestimatur enim quod restitui opertet id est quod abest, abest autem nuda possessio cum suis fructibus.* L. 3 § 11. Uti poss. (43, 17)... « *Quanti res est* » *sic accipimus, quanti unius cujusque interest possessionem retinere. Servii autem sententia est existimantis tanti possessionem aestimandam, quanti ipsa res est, sed hoc nequaquam opinandum est, longe enim aliud*

n'est nullement mis en relief dans les théories possessoires qui fondent la possession soit sur la personne et sa volonté soit sur la prohibition de la violence. En effet comment la possession peut elle devenir un rapport de droit patrimonial, une *valeur*, si comme dans l'une de ces opinions, elle n'est autre chose que la sphère où la volonté exerce son empire — la sensibilité de la volonté frappée dans son droit primordial de libre disposition d'elle-même, n'a point de mesure équivalente dans la valeur des choses — ou si comme dans l'autre elle n'a d'autre importance que de fournir la mise en scène d'une espèce déterminée de trouble de l'ordre public.

10. Si la possession est un objet de valeur patrimoniale, la notion d'appartenance juridique peut lui être appliquée, *tertius possessionem* SUAM *contendat*, L. 3 § 12 ad exh. (10, 4.) et dès lors sa perte entraine un dommage patrimonal, *ne languor animi* DAMNUM *etiam* IN BONIS *afferat*. L. 44 § 6 pr. de usuc. (41, 3.)

11. Une conséquence ultérieure de ce caractère est la possibilité d'une pure *controversia de possessione*, c'est-à-dire d'un débat juridique qui a pour unique objet la question de savoir lequel de deux prétendants est le véritable possesseur, sans que de part ou d'autre il ait d'abord été commis un trouble possessoire. Nous verrons dans la suite, que le droit romain admet en effet pour la possession une pareille action préjudicielle ou revendicatoire. Peu importe le nom.

12. Les *interd. adipiscendae possessionis*, que SAVIGNY, persistant dans toutes les éditions de son ouvrage dans une erreur obstinée, veut entièrement exclure de la sphère de la possession,

---

est rei pretium, aliud possessionis. La L. 74 de furt. (47, 2) accorde au *b. f. possessor* auquel la chose a été volée et au véritable propriétaire, l'*actio furti* contre un voleur : *emtori ejus* POSSESSIONIS, *domino ipsius* PROPRIETATIS *causa praestanda est*.

reçoivent eux-mêmes ainsi une explication satisfaisante. Si la possession comme telle, a une valeur juridique, le droit peut aussi reconnaître la prétention à la concession de la possession. La circonstance, que les données auxquelles le droit rattache cette prétention sont *extérieures* à la possession, a induit SAVIGNY à mettre ces remèdes de droit sur la même ligne que les actions possessoires qui tendent à la *délivrance* de la possession. La possession, dit-il, tant dans celles-ci que dans ceux-là, n'est pas le fondement mais seulement le but, l'objet de l'action; l'*hered. petitio* et *l'interd. quorum bonorum* avaient entièrement la même tendance : la possession en est le but, et le droit héréditaire (civil ou prétorien) le fondement. C'est vrai, mais l'énorme différence qui les sépare est que l'action pétitoire règle définitivement la situation, tandis que *l'interd. adipisc. poss.* la règle seulement d'une manière provisoire, parce qu'il concerne uniquement la possession, et qu'il laisse ainsi le pétitoire ouvert, tout comme les deux autres espèces d'interdits possessoires. Si le demandeur à l'*her. pet.* est repoussé, il ne peut plus l'intenter une seconde fois; mais s'il est repoussé avec l'*interd. quorum bon.*, *quod legatorum* ou avec le *remedium ex lege ult. Cod. de edicto Divi Hadriani toll.*, il lui reste toujours la possibilité de reprendre et peut-être de gagner au pétitoire la cause perdue au possessoire, ou s'il a réussi, c'est à son adversaire que cette voie reste ouverte (76). Aussi derrière chaque *interd. adipiscendae possessionis* se cache encore un remède pétitoire; derrière les interdits susdits, se cache l'*hered. petit.* et la *reivindicatio*, sans en excepter l'*interd. quem fundum* et *quam hereditatem* au

(76) L. un. Cod. Theod. Quor. bon. (4, 21). *Quid jam planius, quam ut heredibus traderentur, quae in ultimum usque diem defuncti possessio vindicasset, etiamsi quod possit tribui* DE PROPRIETATE LUCTAMEN? — *Jubemus, ut omnibus frustrationibus amputatis in petitorem corpora transferantur,* SECUNDARIA ACTIONE PROPRIETATIS *non exclusa.*

moyen duquel la possession des fonds ou de l'hérédité contestée ou non assurée par le défendeur passait au demandeur, sans que pour cela le défendeur perdît la possibilité d'en appeler à son tour au pétitoire. De même, derrière l'*interd. Salvianum* se cachait l'*act. Serviana*, derrière l'*interd. quo itinere venditor usus est, quominus emtor utatur, vim fieri veto*, l'*act. negatoria* de l'adversaire (77).

Pour la majeure partie de ces interdits, ce rapport entre le pétitoire et le possessoire est mis hors de tout doute par des textes exprès qu'il n'est pas nécessaire de rapporter ici; il est indiqué comme une règle générale dans la L. 14 § 3 de exc. rejudic. (**44**, 2.)

Si quis interdicto egerit de possessione, postea in rem agens non repellitur per exceptionem, quoniam in interdicto POSSESSIO, *in actione* PROPRIETAS *vertitur.*

Il est inutile de faire remarquer que cette observation ne s'applique pas seulement à certains interdits, à savoir aux *interd. retinendae* et *recup. poss.* mais à tous les interdits, au moyen desquels on peut « *de possessione agere* » — et dans le nombre se trouvent aussi, comme on le sait, les *interd. adip. poss.* L. 2 § 3 de interd. (**43**, 1). Gaius IV. 143.

Au lieu de faire reposer la notion des interdits possessoires sur ce caractère spécial qui les distingue aux yeux des jurisconsultes romains de toutes les autres actions, de ne contenir qu'un règlement provisoire, SAVIGNY (§ 35) trouve leur criterium caractéristique dans la circonstance que la *possession* est le fondement de la prétention du demandeur — et partant de là, il ne lui est pas difficile de démontrer que les *interd. adipiscendae posses-*

(77) VANGEROW Lehrbuch 1 § 390. II § 509. (7e édit. p. 897. 860). Il devait en être de même des deux interdits dont parle Gaius IV, § 145, 146. C'est-à-dire que les demandeurs devaient pouvoir réclamer la délivrance provisoire de *toutes* les choses, et que les défendeurs devaient être renvoyés au pétitoire avec leurs exceptions de propriété.

sionis ne se rattachent aucunement à *cette* notion des actions possessoires (p. 357). Il ajoute (p. 358) comme « motif décisif contre « l'opinion ordinaire » que « les vrais interdits possessoires se » basent sur des délits. » — Nous avons démontré plus haut la complète inanité de ce motif (p. 16 s.). « Les interdits *retinendae* » et *recuperandae possessionis* sont donc les seules actions » possessoires, et les interdits *adipiscendae possessionis* n'ont » avec elles rien de commun (!). Il y a plus, ces derniers n'ont » même rien de commun entre eux (!). Pour le prouver, il suffit » de les énumérer, et cela résulte d'ailleurs aussi de ce que dans les sources ils sont traités à des endroits tout-à-fait différents (p. 358). » La modification que Savigny a apportée dans une addition à la 6e édition (p. 359-364) ne change pas le fond de son opinion. Il y rompt une nouvelle lance contre la réunion de ces trois espèces d'interdits de la part des jurisconsultes romains; « elle est dénuée de toute valeur scientifique, puis- » qu'elle repose uniquement sur le but d'acquérir, soit de » recouvrer, soit de conserver la possession, but tout-à-fait » accidentel, et indifférent au point de vue de l'essence même » de l'action (p. 361). »

Je n'insisterai pas sur cette circonstance que Savigny, lui-même, lié et enchaîné comme il l'était par le πρῶτον ψεῦδος de toute sa théorie possessoire : la nature délictueuse des actions possessoires, ne put jamais s'arracher à cette grave erreur touchant l'interdit *adipiscendae possessionis ;* — erreur qui l'obligea à attribuer aux jurisconsultes romains l'invention et l'acceptation spontanée d'une notion dépourvue de toute valeur scientifique. Mais il devient difficile de ne pas s'étonner lorsque l'on voit que cette erreur, loin d'être reconnue pour telle par la science, a trouvé au contraire, en général, la plus chaude adhésion. Si j'en excepte Vangerow (V. note 77) je ne me souviens (sans avoir toutefois fait de recherches spéciales à ce sujet) d'aucun nouveau traité de Pandectes qui restitue aux interdits *adipiscendae possessionis* leur véritable valeur. Je n'entends naturellement pas parler du classement systématique de ces interdits, mais de la preuve qu'ils ont été scientifiquement conçus comme de véritables remèdes possessoires qui doivent être placés sur la même ligne que les deux autres espèces d'interdits possessoires. Au lieu de relever, dans la théorie de la possession l'importance de ces interdits et de montrer que les traits fondamentaux du possessoire s'y reproduisent aussi bien que dans les autres interdits possessoires, d'accentuer convenablement l'exclusion de la question de droit et la possibilité ultérieure du pétitoire, on a coutume de passer ces interdits sous silence dans la théorie possessoire, ou si on en fait mention ce n'est que pour les repousser comme des intrus, qui ne peuvent avoir la moindre prétention à être des remèdes possessoires(78).

La même erreur, qui a déterminé SAVIGNY à refuser à l'interdit *adipiscendae possessionis* le caractère de véritable remède possessoire, l'a induit aussi à admettre, parmi ces derniers, des interdits qui, d'après ce qui précède, ne peuvent nullement aspirer à cette qualité, par le motif qu'ils n'ont point pour objet la *possessio*, mais la *res*, c'est-à-dire non la détention transitoire et passagère, mais la détention définitive de la chose. Tel est

(78) J'ai été pris de honte en trouvant une appréciation plus exacte de l'importance pratique des interdits possessoires dans les ouvrages aujourd'hui si entièrement discrédités de la période qui précéda SAVIGNY, par exemple dans HELLFELD Jurisp. for § 1885 s., HÖPFNER Commentaire § 1208. Les interdits *adipiscendae possessionis* dit ce dernier auteur, sont extrêmement dignes de remarque pour les praticiens ; en effet, nous savons que c'est un des avantages de la possession que le possesseur ne soit pas obligé de prouver que la chose qu'il possède lui appartient ; mais que l'adversaire, doive fournir la preuve du contraire. Il est par conséquent à conseiller de chercher d'abord à acquérir la possession de la chose, au moyen d'un interdit, afin de rejeter ainsi le fardeau de la preuve sur l'adversaire.

l'interdit *de glande legenda* (79). Aucun jurisconsulte romain ne l'a compris parmi les interdits possessoires, et avec raison : car après cet interdit, il ne peut plus y avoir de pétitoire, il décide définitivement la question relative aux fruits tombés. Il n'y avait aucun besoin de réserver ici le pétitoire au défendeur; le juge, dans cet interdit, ne prononçait pas sur la *possessio*, mais sur la *res*, sur la conservation définitive des fruits. Il faut en dire autant de l'*interd. fraudatorium* qui doit également son énumération parmi les interdits possessoires (SAVIGNY l. c.) à l'opinion erronée et préconçue de SAVIGNY. Les interdits *de migrando* et *de thesauro* (L. 15 ad exh. 10, 4) ont aussi pour objet la délivrance de la possession, et si cette circonstance seule suffisait, on devrait les compter tous les deux parmi les interdits *retinendae* ou *recuperandae possessionis*, ce que SAVIGNY lui-même n'a pas fait, bien qu'on puisse y voir des actions pour délits bien plus facilement que dans les int. *uti poss.* et *utrubi*. Il est inutile, en présence de ce qui précède, de démontrer qu'ils ne peuvent aspirer à cette qualité.

(79) SAVIGNY l. c. p. 359; des auteurs antérieurs avaient fait de même, par exemple HÖPFNER l. c. Du reste on ne comprend pas pourquoi SAVIGNY ne place point cet interdit parmi les interdits *retinendae* ou *recuperandae possessionis*, du moment qu'il veut le faire passer pour interdit possessoire. En effet, d'après SAVIGNY lui-même (p. 248) la possession du fruit séparé de la chose principale sans l'intervention de l'homme, appartient au possesseur de la chose principale. Au moment même où la pomme se détache de la branche, j'acquiers sur cette pomme, devenue désormais une chose indépendante, la possession séparée; que l'on dise après cela : cette possession *cesse* de nouveau si la pomme tombe sur le fonds du voisin qui m'est inaccessible, ou que l'on dise : la possession *continue* malgré cela, — dans le premier cas l'interdit *de glande legenda* ne peut être qualifié que d'interdit *recuperandae possessionis*, et dans le second d'interdit *retinendae possessionis*; mais je ne puis comprendre comment SAVIGNY peut, sans devenir infidèle à sa propre théorie, en faire un interdit *adipiscendae possessionis*.

Je vais maintenant essayer de prouver mon assertion au moyen des sources, et cela à un double point de vue : d'abord par rapport aux *moyens de protection* de la possession, ensuite par rapport à sa *configuration matérielle*. Si mon assertion est exacte, nous devrons toujours nous tenir à côté de la propriété, tandis que nous la perdrons complètement de vue si l'une des théories opposées est exacte. Occupons-nous de ce travail.

VII

LES MOYENS DE PROTECTION DE LA POSSESSION

Les interdits *retinendae possessionis*

Le premier exemple que l'on rencontre en droit romain de la possession considérée comme objet de disposition judiciaire est la collation des *vindiciae* dans l'ancienne procédure revendicatoire. Le Préteur accordait les *vindiciae* à l'une des deux parties; en d'autres termes, il lui assignait la possession pour la durée du procès. Cette mesure peut être comprise dans un double sens : ou bien dans le sens qu'elle conférait au possesseur seulement les avantages *de fait* de la possession, c'est-à-dire la jouissance de la chose, ou bien dans le sens qu'elle lui en accordait aussi les avantages *juridiques*, c'est-à-dire l'exemption du fardeau de la preuve. Cette dernière opinion, a tout récemment encore, été soutenue par une autorité imposante ([80]) : je ne puis cependant m'y rallier.

D'après la manière dont s'exprime GAIUS, le Préteur avait toute liberté d'action dans la collation des *vindiciae* ([81]); il

([80]) VON BETHMANN HOLLWEG. *Der Civilprocess des gemeinen Rechts.* vol. I, sect. 1. p. 144.

([81]) GAIUS IV. 16. *Secundum* ALTERUM *eorum vindicias dicebat i. e.* ALIQUEM *possessorem constituebat*. Quant aux considérations par lesquelles le Préteur se déterminait vraisemblablement, voyez la conjecture de mon Esprit du D. R. IV, p. 100, n. 109.

pouvait donc, s'il le jugeait bon, attribuer la possession même au non-possesseur. Quelle dangereuse influence n'aurait-il pas pu exercer ainsi sur l'issue du procès, s'il avait par là libéré le demandeur du fardeau de la preuve, qui dans beaucoup de cas décide du droit. Les partisans de cette opinion perdent de vue que la procédure revendicatoire, dans sa forme la plus antique, était un *judicium duplex* dans lequel les deux parties revendiquaient à la fois (*vindicatio* et *contravindicatio*), et avaient par suite l'obligation de prouver dans une mesure égale, où par conséquent ce n'était point la preuve *absolue* de la propriété mais la prépondérance *relative* des moyens de preuve apportés de part et d'autre qui faisait pencher la balance ([82]).

Voyons maintenant quel appui nous pouvons tirer pour notre sujet de cette institution. Nous y trouvons, en premier lieu, ce fait intéressant, que la possession, dès ses premières manifestations dans l'histoire du droit romain, se présente dans la plus étroite connexion avec la propriété et le débat sur la propriété. Le possessoire, pour employer le langage moderne, constitue une partie intégrante du pétitoire, et l'on ne peut croire que le premier pût se présenter indépendamment du second, car l'unique forme à nous connue : la collation des *vindiciae*, ne pouvait se concevoir que dans un débat sur la propriété, et les interdits *retinendae possessionis* qui se substituèrent plus tard à cette forme et l'écartèrent, ne peuvent absolument pas avoir

([82]) V. mes déductions l. c. p. 88 s. On trouve le même rapport dans l'ancienne procédure anglaise de la propriété, où la question posée aux jurés ne tendait pas à savoir si le demandeur avait la propriété, mais était conçue ainsi : *Utrum A vel B* MAJUS *jus habeant in terra illa*. GNEIST Selfgovernment p. 80. Un exemple plus récent qui rappelle à la mémoire le jugement de Salomon se rencontre dans SUETONE. Galba c. 7 : *Cum de proprietate jumenti quaereretur levibus* UTRIMQUE *argumentis et testibus ideoque difficili conjectura veritatis ita decrevit, ut ad lacum, ubi adaquari solebat, duceretur capite involuto atque ibidem revelato ejus esset, ad quem sponte se a potu recepisset.*

existé à côté d'elle. On ne trouve aucun exemple, dans les temps anciens, d'un pareil cumul de deux remèdes juridiques tendant au même but.

La seconde observation que nous inspire l'examen de cette institution c'est que la question de possession est indépendante de la violence. Il est vrai que la lutte fictive par laquelle commençait la revendication semble indiquer le contraire, mais ce n'est qu'en apparence. La circonstance que le Préteur, comme nous l'avons déjà remarqué, pouvait conférer les *vindiciae* même au non-possesseur, c'est-à-dire à celui qui était l'auteur du trouble, montre suffisamment que la collation des *vindiciae* ne pouvait avoir pour but de permettre au Préteur de protéger le possesseur contre le trouble du non-possesseur. Cette lutte fictive n'avait qu'une importance symbolique; elle constatait, conformément à l'esprit de l'ancien droit, par des faits au lieu de paroles, la contestation réciproque de la propriété. Lors donc que le Préteur accordait la possession à l'une des parties, ce n'était point à cause du trouble, pour cela la prétention du possesseur à être judiciairement protégé aurait dû être d'avance accueillie, mais c'était au contraire précisément parce que cette prétention n'était *pas* reconnue, et qu'il était par suite nécessaire de régler provisoirement la question de possession pour la durée du procès. On peut donc dire dans un certain sens, qu'en général dans le plus ancien droit la notion de la possession n'existait pas encore, car elle n'existe point là où le possesseur ne trouve point comme tel protection et reconnaissance. Il serait oiseux de demander si déjà à l'époque la plus reculée on désignait celui qui avait obtenu les *vindiciae* par le nom de *possessor*. Pour prouver qu'on y voyait autre chose que le *possessor* des époques suivantes, c'est-à-dire qu'on y voyait non-seulement le simple détenteur de fait, mais le *propriétaire intérimaire*, je recourrai, si l'on ne veut pas admettre le témoignage que Tite Live nous a conservé ([85]) sur la procédure revendicatoire la plus antique, je

([85]) Liv. III. 44 : *Interim* DOMINUM *sequi ancillam aequum esse.*

recourrai, dis-je, à un témoignage plus récent qui, malgré la séparation rigoureuse intervenue depuis ce temps entre les notions de la propriété et de la possession, applique la même expression au rapport correspondant de la procédure nouvelle. Un rescrit d'Antonin le Pieux appelle *propriétaire intérimaire* (*interim domini loco habetur*) le possesseur de l'hérédité qui a donné au demandeur la caution qui avait pris la place du *praedes litis ac vindiciarum* de la procédure antique, et il y attache la conséquence pratique, que les esclaves héréditaires ne peuvent être soumis à la torture contre lui — disposition que Callistrate, auquel nous devons ce renseignement, applique, en employant les mêmes expressions, au cas de la revendication d'un esclave([84]).

Propriété intérimaire, voilà donc le sens originaire de la collation des *vindiciae*, et non l'attribution de la possession nue dans le sens de la théorie possessoire moderne et ce n'est que de cette manière que l'on peut bien comprendre le débat sur les *vindiciae*. La procédure revendicatoire ne se meut pas en dehors du cercle de la propriété, mais la mesure que le Préteur applique à son commencement diffère de celle qu'emploira plus tard le juge; elle se résout en une preuve de *prima facie* suffisante pour le but de la disposition provisoire, et toute différente de la preuve complète qui sera nécessaire pour la décision définitive. Le droit antique nous montre ainsi la possession comme une *position de la propriété*, conformément à notre théorie.

Abordons maintenant le droit nouveau. Ici le rapport de succession historique dans lequel se trouvent les interd. *retinendae possessionis* avec les *vindiciae* est si évident qu'il ne pouvait échapper à personne([85]). D'après le témoignage concor-

([84]) L. 15, § 2, de quaest. (48. 18).

([85]) J'ai été surpris de trouver cette opinion jointe à une exposition tout-à-fait remarquable des *vindiciae* dans un auteur, chez lequel je ne l'aurais certainement pas cherchée. V. SCHILTER *Praxis jus Rom.* Exerc. 16, § 30.

dant de nos sources (v. plus bas), les interdits ont été introduits dans le même but que les *vindiciae* dans l'ancienne procédure, c'est-à-dire pour régler provisoirement le rapport possessoire pendant le procès sur la propriété. Il s'est produit ainsi non-seulement un changement de forme, mais une transformation essentielle et triple de la chose. D'abord, la question de possession qui était l'objet du *pouvoir discrétionnaire du Préteur* est devenue la matière d'une *décision en justice réglée*, la possession n'est plus *concédée*, elle est *instruite* : en d'autres termes, elle est devenue un *rapport indépendant, séparé de la propriété*.

Cette transformation est dans une étroite connexion avec l'influence qu'exerça la possession dans la nouvelle procédure revendicatoire, et qu'elle pouvait exercer en vertu de sa nouvelle organisation, en libérant le possesseur du fardeau de la preuve. — Ce résultat était positivement dû à la disparition de la *contravindicatio* et à la transformation qui en avait été la conséquence, du *judicium duplex* en un *judicium simplex*.

La troisième modification, non moins essentielle, consistait dans la désagrégation du possessoire et du pétitoire. Tandis que les *vindiciae* ne pouvaient se présenter qu'à l'occasion du procès revendicatoire, il en était autrement par rapport à ces interdits. De même qu'au moyen-âge, le *summariissimum*, qui était dans l'origine une disposition incidente de l'*ordinarium* (*portio interdicti uti possidetis*) s'émancipa de celui-ci et s'éleva au rang de remède légal indépendant, de même, au moyen de ces interdits, la question possessoire se délia du procès de la propriété. On peut difficilement admettre que l'idée de la nécessité de protéger la possession contre des troubles frivoles aurait été décisive en cette occurrence, car ces interdits n'accordent aucune restitution contre les troubles passés ; il y avait pour ces cas d'autres remèdes p. ex. l'interdit *quod vi aut clam*, l'action *injuriarum*, l'action *legis Aquiliae*. Cette disjonction provint, à mon avis, de ce que l'on ne pouvait empêcher le propriétaire de délaisser le secours énergique de la revendication et de la négatoire, lorsque le secours moins énergique des remèdes possessoires lui suffisait pour atteindre son but. De cette manière il devenait certainement possible à un possesseur qui ne se prétendait nullement propriétaire, d'intenter les interdits avec un plein succès; la possession était en principe émancipée de la controverse sur la propriété, pour autant qu'elle pût encore, en fait, se présenter en même temps.

Cette dernière situation de la possession qui nous présente le simple possesseur comme tel : c'est-à-dire l'occupeur arbitraire, le voleur, le brigand, comme vainqueur possible vis-à-vis du propriétaire, renferme, comme nous l'avons remarqué plus haut, (p. 50) la véritable énigme de la possession. Nous sommes parvenus au carrefour où le choix de la voie que nous suivrons doit être décisif pour tout le cours de notre examen. Cette situation est-elle l'état normal de la possession, et les interdits ont-ils eu pour but de déclarer ces personnes dignes de protection au même degré que le propriétaire, ou bien la protection possessoire vise-t-elle le propriétaire, et son extension aux personnes susdites n'est-elle qu'une *conséquence inévitable?* Devons-nous par suite voir dans la propriété le principe normal des interdits possessoires et le motif de leur introduction?

Voyons la réponse que fait à ces questions le droit romain.

1. Le motif *historique* de l'introduction de ces interdits repose sur l'intérêt du règlement de la possession dans le débat qui concerne la propriété.

En présence des attestations non équivoques et répétées de nos sources qui l'établissent ([86]), toute tentative pour donner à l'introduction de ces interdits un autre point de départ, doit demeurer infructueuse ([87]). Ce n'est pas la pensée de placer sous l'égide du

---

([86]) Gaius IV, § 148. Ulpien L. 1 § 3, uti poss. (43.17). § 4 I. de interd. (4, 15) Theophile ibid.

([87]) Jusqu'à Savigny on ne l'a pas tenté que je sache, V. p. ex. la glose et les commentaires sur les Institutes de Janus a Costa, Vinnius, Otto, sur le texte cité; V. contre la tentative de Savigny, Vangerow, Pandectes. § 366, note 1.

droit, même les biens ravis et volés, qui a fait naître ces interdits; c'est l'idée, réalisée déjà dans les *vindiciae* de la procédure la plus ancienne, *de régler provisoirement le rapport de propriété*; ils envisagent donc en fait la possession à mon point de vue, ils la considèrent comme un ouvrage avancé, une *position* de la propriété.

2. Cette relation des interdits possessoires avec le débat sur la propriété se reproduit continuellement jusque dans l'époque du droit romain le plus moderne.

Il n'en est presque jamais question dans nos sources sans qu'en même temps il ne soit fait allusion au débat sur la propriété (**).

L. 35. de poss. (**41.** 2.) *Exitus controversiae* POSSESSIONIS *hic est tantum, ut prius pronunciet judex, uter* POSSIDEAT... *et tunc de* DOMINO *quaeratur.*

L. un. Cod. uti poss. (**8.** 6.)... *de* PROPRIETATE *cognoscet.*

L. 1, Cod. de interd. (**8.** 1.)... *orta* PROPRIETATIS *et* POSSESSIONIS *lite prius possessionis decidi oportere quaestionem competentibus actionibus, ut ex hoc ordine facto de* DOMINII *disceptatione probationes ab eo, qui de* POSSESSIONE *victus est, exigantur.*

L. 13. Cod. de reiv. (**3.** 32.) : *Ordinarii juris est, ut mancipiorum orta quaestione prius exhibitis mancipiis de* POSSESSIONE *judicetur ac tunc demum* PROPRIETATIS *causa ab eodem judice decidatur.*

L. 1. Cod. si de mom. poss. (**7.** 69)... *ita* POSSESSIONIS *reformationem fieri oportet, ut integra omnis* PROPRIETATIS *causa servetur.*

L. un. Cod. Theod. Utrubi (**4.** 23)... *bonae fidei possessori primum oportet et celeri reformatione succurri* (c'est-à-dire au moyen de l'interdit utrubi), *tunc causam originis* (*colonorum*) *et* PROPRIETATIS *agitari* (Cod. Just. L. 14 de agric. **11.** 47.).

(**) De même dans la procédure de liberté, la *pronuntiatio* sur le rapport possessoire c'est-à-dire sur la question de savoir si le prétendu esclave était *in possessione libertatis* ou *servitutis*, était le premier acte du *judicium liberale*. L. 7, § 5 de lib. causa (**40**, 12).

Dans les Basiliques mêmes (50. 3. 72), l'interdit *uti possidetis* est toujours mis en relation avec la propriété :

Quando de possessione moveter actio uti possidetis, is vincit, qui nec vi nec clam nec precario possidet : et DEINDE *aut satisdat et suscipit* REIVINDICATIONEM *aut non satisdat et possessio ad alterum transfertur.*

Au possessoire, qui est le premier pas, se rattache donc (*deinde*) comme une conséquence nécessaire, le pétitoire.

Cette association d'idées entre la possession et la propriété ou entre le possessoire et le pétitoire, se représente aussi en sens inverse, c'est-à-dire qu'outre ces textes qui mentionnent le pétitoire à l'occasion du possessoire, il y en a aussi qui mentionnent, à l'inverse, le possessoire à l'occasion du pétitoire;

L. 24 de R. V. (6. 1.) : *Is qui destinavit rem petere, animadvertere debet, an aliquo interdicto possit nancisci possessionem.* L. 3. Cod. Theod. unde vi (4. 22) in fine; L. 3. Cod. fin. reg. (3. 39.).

3. Le possessoire et le pétitoire sont désignés comme des parties du même débat juridique, le second comme *causa principalis,* le premier comme préparation.

La L. 3. Cod. Theod. de judic. (2. 18.) (légèrement modifiée dans la L. 10. Cod. Just. de judic. 3. 1.) contient un édit de Constantin, dans lequel il défend de porter le possessoire et le pétitoire devant deux juges différents; il va même jusqu'à défendre, sous menace de peines, de demander une dispense impériale de cette disposition. Cette constitution est intéressante pour nous par la manière dont elle s'exprime sur le rapport entre le possessoire et le pétitoire. Elle les indique comme un tout commun (*qui* CAUSAE CONTINENTIAM *dividit*), comme un procès qui *in uno eodemque judicio poterat terminari*, et le débat *super possessione* est mis en opposition avec celui SUPER PRINCIPALI QUAESTIONE (**).

(**) On trouve ailleurs CAUSA *principalis*, L. 1 Cod. Theod. *unde vi* (4.22), NEGOTIUM *principale* L. 3, Cod. Theod. ad Leg. Jul. de vi (9.10),

Dans la L. 1 § 45, de aqua quotid. (43. 20), ULPIEN met en opposition avec l'interdit possessoire, qui sert à garantir le droit sur les eaux, un interdit qui a pour condition la preuve de ce droit, et il remarque sur ce dernier :

In hoc interdicto totam quaestionem finiri assignationis, non enim PRAEPARAT *hoc interdictum causam ut superiora interdicta, nec ad* POSSESSIONEM TEMPORARIAM *pertinet, sed aut habet jus adsignatum sibi aut non habet et* INTERDICTUM TOTUM FINITUR.

Les interdits possessoires, dit-il, qui se rapportent uniquement à la possession temporaire, (*ad possessionem temporariam pertinent*) ne résolvent donc point le débat même, comme l'interdit en question, mais ils en préparent seulement la décision finale et définitive (*praeparant causam*). C'est ainsi encore que la L. 5 Cod. de poss. (7, 32) a pu employer pour la protection possessoire promise à l'implorant, l'expression : *Praeses* DOMINII TUI JUS *convelli non sinet.* La protection de la possession appartient au *jus dominii*; la retirer serait préjudicier à la protection de la propriété, *jus dominii convellere* (90).

Symmachus Ep. X. 41, *de possessione... judicari,* PRINCIPALEM *vero causam... reservari.*

(90) C'est ainsi encore que la L. 9 de commod. (13.6) a pu indiquer comme motif de la règle de la L. 8 : *rei commodatae et possessionem et proprietatem retinemus : Nemo enim commodando rem facit ejus cui commodat,* ce qui ne peut être appliqué à la possession que si on la conçoit dans la plus étroite connexion avec la propriété. N'est-ce pas encore la même idée qui est au fond de la L. 43 de releg. (11, 7) : *Qui de jure dominii queritur?* Le propriétaire ne peut contre la volonté de l'usufruitier inhumer dans le fonds aucun cadavre (L. 2 § 7 ib. *invito fructuario locus religiosus non fiet*. L. 43 cit.); néanmoins si l'usufruitier s'y oppose, on accorde au propriétaire l'interdit *de mortuo inferendo,* pour vaincre cette résistance; en d'autres termes et pour employer le langage actuel, le débat s'agite, non pas au pétitoire, mais au possessoire, l'usufruitier avec son droit d'opposition est renvoyé *ad separatum,* et c'est de cette protection

4. Suivant le cours naturel et normal des choses, c'est le *propriétaire* qui intente les interdits possessoires. Aucun jurisconsulte romain, il est vrai, ne l'a dit expressément, mais que l'on examine sans prévention la L. 8 de vi (**43**, 16) de Paul, et l'on y trouvera implicitement cette idée : *Fulcinius dicebat vi possideri, quotiens vel* NON DOMINUS *cum tamen possideret, vi dejectus est.*

L'interdit *unde vi*, dit le jurisconsulte, est donné du chef de l'expulsion du possesseur, même non-propriétaire. S'il juge nécessaire de relever cette circonstance comme quelque chose de particulier, en ce qui concerne le non-propriétaire, cela dit clairement, à mon avis, que celui pour lequel, dans son esprit, l'interdit est fait et dans les mains duquel doit donc se trouver régulièrement la possession, c'est le propriétaire. Cela explique aussi pourquoi, dans cet interdit, on désigne comme demandeur le propriétaire, et non le possesseur. V. par exemple L. 12 ibid.

On trouve le même procédé pour l'interdit *de precario*. Les jurisconsultes romains en désignent aussi le demandeur par le terme *dominus* V. par exemple la L. 4 § 4, L. 6 p. L. 12 p. de precario (**43**, 26) et l'objet par des adjectifs indiquant la propriété, L. 15 p. NOSTRO *utatur*, L. 3 *per fundum* MEUM, L. 18 ibid. *rem* SUAM. Ici encore un jurisconsulte croit devoir faire la même observation que nous avons relevée pour l'interdit *unde vi*. *Sed et si eam rem*, dit Venuleius dans la L. 17 ibid., *cujus possessionem per interdictum uti possidetis retinere possim, quamvis futurum esset, ut tenear de proprietate, precario tibi concesserim, teneberis hoc interdicto.* La convention que le précaire ne pourra être révoqué pendant un temps déterminé est nulle : *nulla vis est hujus conventionis, ut rem alienam invito* DOMINO *possidere liceat.* L. 12 p. ibid. La propriété dans la personne de celui qui reçoit exclut la validité du précaire. L. 4 § 3 ibid.; et l'idée que celui qui

du propriétaire qui repose essentiellement sur l'idée de la possession que PAPINIEN dit : *de jure dominii queritur.*

a donné sa chose en gage pourrait se faire restituer la possession *precario* par le créancier gagiste est repoussée par Ulpien dans la L. 6 § 4 ib. par cette réflexion qu'il s'agit ici d'un *precarium* POSSESSIONIS *non* PROPRIETATIS. Nous reviendrons plus loin sur ce point de vue.

L'idée ci-dessus que le possesseur est régulièrement propriétaire, sur la vérité relative de laquelle nous nous sommes déjà prononcés plus haut (p. 57) a été légalement exprimée :

5. Dans la disposition du droit romain d'après laquelle les *possessores*, c'est-à-dire les possesseurs de biens fonds compris dans les limites de la cité, sont exempts de la caution judiciaire([91]).

Possessores désigne ici non les *véritables propriétaires* comme le croit SAVIGNY L. c. p. 87 ([92]), mais les possesseurs comme tels, parce qu'ils agissent en propriétaires et qu'ils sont présumés l'être([93]). Il faut ajouter à cela :

6. L'usage linguistique de la vie ordinaire, qui prend *possessor* pour *dominus*, et *possessio* pour propriété (foncière).

La propriété assume dans la possession une forme visible, la possession est la propriété dans sa pleine efficacité, dans sa forme normale. Il n'est pas étonnant, dès lors, que l'usage linguistique de la vie ordinaire, qui aime tant à s'attacher à ce qui est visible plutôt qu'à ce qui ne l'est point, parle de possesseur foncier et de possession, lorsqu'il a en vue le propriétaire foncier et la propriété. Il en est ainsi chez nous aussi bien que chez les Romains([94]). Autre chose, il est vrai, est l'usage lin-

---

([91]) L. 15 qui satisd. (2.8).

([92]) En effet dans l'explication de l'expression employée dans le § 1 du texte cité, le jurisconsulte ne se sert pas du mot *dominus*, mais il conserve le mot *possidere : qui rem soli possidet*.

([93]) C'est pour ce motif que le créancier gagiste, même lorsqu'il possède, ne passe point pour *possessor* dans le sens du § 2, car il n'a pas la prétention d'être propriétaire, *non enim opinione domini possidet*, comme dit la L. 22 § 1 de nox. act. (9.4).

([94]) SAVIGNY l. c. p. 87. Il cite une définition intéressante de CORNELIUS

guistique du droit et celui des jurisconsultes; mais partout où les deux notions ne sont pas exactement séparées, l'idée de la vie commune, qui voit dans le possesseur le propriétaire, se transporte aussi dans le domaine du droit et de la jurisprudence([95]).

Mais revenons aux interdits possessoires.

Il y avait un cas où ils refusaient leurs services : en matière d'hérédité. Comme la possession du défunt cesse avec sa mort, l'appropriation de choses héréditaires de la part de tiers non-autorisés n'est point une *soustraction de possession*, et dès lors les interdits *retinendae* ou *recuperandae possessionis* n'y sont pas applicables.

Si le droit romain n'avait pas comblé cette lacune au moyen de l'*hereditatis petitio*, l'héritier aurait perdu la facilité de preuve que la possession procure au propriétaire et dans la revendication ou action publicienne qui lui serait restée, il aurait dû fournir la preuve rigoureuse de sa propriété, c'est-à-dire de la *bonae fidei possessio* de son auteur. Or, cette circonstance que le droit romain supplée aux interdits possessoires au moyen de l'*hereditatis petitio* ([96]) me fournit :

7. Un nouvel argument pour l'exactitude de l'opinion que je soutiens; — l' *hereditatis petitio* remplit en pratique la fonction des actions possessoires([97]).

FRONTO : *habere potest etiam fur et nequam, possidet nemo nisi qui... rei* DOMINUS *est*.

([95]) Particulièrement dans les Constitutions impériales, v. p. ex. L. 12 Cod. de poss. (1.32). L. 1 Cod. de praes. (7.33). L. 2 Cod. de probat. (4.19). L. 1 Cod. si per vim (8.5) : on rencontre même le mot *dominium possessionis*, L. 2 Cod. Theod. de bon. mat. (8.18). On sait que les jurisconsultes romains eux-mêmes prenaient *possessiones* pour biens fonds, c'est-à-dire pour la propriété sur les biens, V. en un exemple dans la L. 78 de V. S. (50.16).

([96]) J'ai incidemment exprimé cette opinion il y a plusieurs années dans ma dissertation inaugurale *de hereditate possidente*. Berol. 1842.

([97]) Il en est entièrement de même de l'interdit *quod legatorum* qui se

Comme ces dernières, elle remplaça la preuve du droit par la preuve de la *détention de fait* (98).

Si, comme le prétend la théorie de la volonté, la possession est protégée uniquement à cause de la volonté qui s'y réalise, si la protection possessoire a pour cause unique que la volonté du possesseur a été méconnue, comment la détention passée du défunt qui, au moment de l'appréhension des choses héréditaires de la part du tiers, est déjà inanimée, c'est-à-dire dépourvue de volonté, peut-elle arriver à être protégée? Que l'on n'objecte pas que ce n'est pas là une protection *possessoire*; car la notion de celle-ci ne réside point dans la forme habituelle des interdits (99), mais uniquement dans la circonstance qu'un rapport de fait est reconnu et protégé sans preuve du droit.

Entre *vifs*, ce rapport de fait exige régulièrement la *volonté* et s'appelle *possession;* avec la mort disparait la volonté et par conséquent la possibilité d'asseoir la notion de possession, mais le besoin pratique de cette protection ne disparaît pas pour cela et le motif législatif de la protection possessoire, la facilité de preuve qui doit être accordée au propriétaire contre les entreprises directes dans sa sphère juridique subsiste toujours dans toute sa plénitude (100). A la possession correspond ici l'état des

---

dirige même, comme l'interdit *utrubi* dans sa forme antique, contre les tiers possesseurs. L. 1 § 18 quod legat. (43.3).

(98) Non seulement de la *possession juridique* mais même de la simple *détention*, L. 19 pr. de her. pet. (5.3), ce qui est du reste accessoirement possible aussi pour l'interdit *unde vi* L, 1 § 33 de vi (43.16).

(99) Savigny l. c. p. 358. « que le magistrat ait donné un interdit au » lieu d'une action, c'est pour nous un fait sans importance, et ce n'était, » meme pour les Romains, qu'une circonstance fortuite qui n'affectait en » rien la nature même du droit du demandeur. »

(100) L. Cod. Theod. Quor. bon. (4.21.) *Quid jam planius, quam ut heredibus traderentur, quae in ultimum usque diem defuncti possessio vindicasset, etiamsi quod possit tribui de proprietate luctament... Omnibus frustrationibus amputatis in petitorem corpora transferantur, secundaria actione proprietatis non exclusa.*

choses restant paisiblement dans la masse[101]. J'espère ne pas être exposé à un malentendu en disant : la *possession* manque ici, il est vrai, mais non l'*idée* de la possession. Ce qui donne à la possession son importance pratique, ce n'est point cet effet subjectif psychologique que le possesseur se *sent* et se *sait* possesseur ; — c'est là plutôt, comme nous le démontrerons plus loin, le signe distinctif normal de la possession — mais c'est son importance pour la propriété : l'usucapion et la protection possessoire. *Or ces deux effets sont transportés dans la pétition d'hérédité.* L'usucapion continue, et la pétition d'hérédité garantit la protection possessoire, sans que la possession existe.

Si le fermier est expulsé du vivant du bailleur, celui-ci a contre le *dejiciens* l'interdit *unde vi ;* si l'expulsion se fait après sa mort, son héritier a la pétition d'hérédité. Pour les deux actions la preuve de la possession suffit.

La mort perd de cette manière la pernicieuse influence qu'elle devrait, d'après la théorie de la possession, exercer sur le droit de propriété, ce mot pris dans son sens le plus large ; la lacune que la perte de la possession engendre au préjudice de l'héritier est remplie et le motif *législatif* de la possession est répété pour ainsi dire, hors de la véritable sphère de la possession. Et ainsi se confirme précisément ce qui est le premier fondement, la véritable *vis agens* de la possession : c'est-à-dire non point la volonté, mais l'indispensable nécessité de la possession pour le droit de propriété.

L'hérédité n'est pas du reste le seul rapport où le but pratique de la possession vient ainsi renverser la formule théorique qui en fait un rapport de volonté. Les personnes qui n'ont point de volonté, comme les insensés, les enfants, et les personnes juri-

[101] L. 40 § 1 de poss. (41.2)... *Si nemo extraneus eam rem interim possiderit, sed semper in* HEREDITATE COLONI MANSERIT. Par rapport à l'usucapion (la POSSESSIO *qualisqualis* de la L. 88 de acq. her. 29.2), v. L. 6 § 2 pro emt. (41.4)... *Si nemo eum possedisset.*

ques([102]), ne peuvent pour ce motif avoir une véritable possession. Mais leur refuser la possession serait compromettre de la manière la plus sensible leur position de propriété([103]), et cette dernière considération est si décisive, que le besoin pratique triomphe des appréhensions juridiques : l'extériorité de la propriété (exercée au moyen de représentants) est considérée à l'égard de ces personnes comme *possession;* elles usucapent et ont les interdits([104]). Si le droit romain n'était pas déjà venu au secours de l'héritier par la pétition d'hérédité et par le principe que l'usucapion se continue même pendant la vacance de l'hérédité, les jurisconsultes romains auraient difficilement pu hésiter à admettre *utilitatis causa* une possession sans volonté de posséder pour l'*hereditas jacens* aussi bien que pour ces personnes. — L'usucapion continuée pendant la vacance de l'hérédité, un effet de la possession! La concession des interdits possessoires dans ce cas n'aurait pas été une plus grande énormité que l'usucapion sans possession.

La pétition d'hérédité leur évita cet embarras. On sait que cette action ne se dirige pas contre toute personne qui possède des choses héréditaires, mais seulement contre celle qui les possède *pro herede vel pro possessore.* Pour quel motif? Pour le même motif qui fait que les interdits possessoires ne sont point accordés contre le tiers possesseur mais seulement contre celui qui nous a immédiatement soustrait la possession ou bien contre celui qui nous la conteste, en d'autres termes, c'est *dans la*

([102]) V. pour ces dernières la L. 1, § 22 de poss. (**41. 2.**) *municipes per se nihil possidere possunt, quia uni consentire non possunt,* c'est-à-dire parce que la volonté de posséder leur manque.

([103]) Cette appréciation est expressément énoncée pour les insensés dans la L. 44, § 6 de usuc. (**41. 3**). *Eum, qui posteaquam usucapere coepit, in furorem incidit,* UTILITATE SUADENTE *relictum est,* NE LANGUOR ANIMI DAMNUM ETIAM IN BONIS AFFERAT, *ex omni causa implere usucapionem.*

([104]) *Sed hoc jure utimur,* dit Ulpien dans la L. 1, ibid. *ut et possidere et usucapere municipes possint.*

personne de l'adversaire que gît le motif de la facilité de preuve que ces deux remèdes accordaient également au demandeur, en ce sens qu'il n'avait point à fournir la preuve de sa propriété, mais qu'il lui suffisait d'en prouver l'état de fait, l'extériorité. Dans la *lésion de la possession*, ce motif gît dans l'injustice commise par le défendeur, *vi aut clam*; à cet élément correspond dans la pétition d'hérédité, le *titulus pro possessore* (105); dans une *controversia de possessione*, le motif est que c'est la *possession* seule et non la propriété qui est l'objet du débat. A ce cas de l'*uti possidetis* correspond la pétition d'hérédité contre le *pro herede possidens*. Il serait absurde d'imposer au demandeur vis-à-vis de ce défendeur, la preuve de la propriété du *de cujus*, car il ne s'agit pas entre eux de savoir qui est propriétaire, mais qui peut prétendre à la possession comme héritier. Contre celui au contraire qui ne possède ni *pro herede*, ni *pro possessore*, la pétition d'hérédité est aussi peu à sa place que les interdits possessoires contre les tiers qui possèdent nos choses. Il faut contre eux employer la revendication ou la publicienne.

La pétition d'hérédité remplit donc ainsi, en fait, la fonction des remèdes possessoires. Je ne prétends point qu'elle ait exclusivement ce but, il me suffit qu'elle l'atteigne. Nous avons déjà remarqué (note 98) qu'elle va même en cela plus loin que les conditions de la possession juridique. La détention de fait, qui, dans les interdits possessoires, est restreinte dans la notion de la possession juridique, obtient dans la pétition d'hérédité la même extension que dans les actions *delicti* qui tendent à la restitution des choses enlevées (106); elle s'étend à toutes les choses

(105) La L. 37 § 1 de usucap, (41, 3) applique même au *pro possessore possidens* la notion de la *vis*, en ce que la possibilité de l'appréhension de la possession d'un fonds héréditaire *sine vi* y est limitée au cas : *si dominus* SINE SUCCESSORE *decesserit*.

(106) *Non utique spectamus rem* IN BONIS *actoris esse* ... *si tamen* EX BONIS *sit*,.. *si ex bonis hoc est* EX SUBSTANTIA MEA *res ablata esse proponatur*. L. 2 § 22 vi bon. (47, 8).

appartenant à la masse, par conséquent aussi à celles que le *de cujus* ne faisait que détenir, en tant que l'héritier y ait un intérêt (107).

Un autre développement des interdits possessoires de l'époque classique se trouve dans la large extension donnée au *titulus pro possessore* (108); je prouverai à l'occasion de l'interdit *unde vi* (VIII) que l'époque impériale postérieure a accordé la même extension à la protection récupératoire de la possession.

Cela suffit pour justifier mon opinion sur l'importance des actions possessoires. Quand je dis *mon* opinion, je ne sais si on voudra me reconnaître ce droit. En effet, si SAVIGNY et ceux qui l'ont suivi ont perdu de vue la corrélation des remèdes possessoires avec la propriété, il n'a pas manqué cependant, autrefois ni aujourd'hui, d'auteurs qui l'ont reconnue et convenablement mise en lumière. En présence des expressions non équivoques de nos sources, la relation de l'interdit *retinendae possessionis* avec le débat sur la propriété n'a jamais été, que je sache, mise en doute avant SAVIGNY (109). La pratique faisait même un pas de plus que nos sources. Guidés par l'idée que le possessoire et le pétitoire ne sont au fond que des phases d'un seul et même débat sur la propriété (110), et se montrant par suite positivement contraires au possessoire dans les cas où il se présente isolé (111),

(107) L. 19 p. de her. pet. (5, 3)... *quorum tamen periculum ad heredem pertinet.*

(108) L. 13 § 1. L. 16 § 4 etc. de her. pet. (5, 3). L. 14 § 2 quod. met. (4, 2). Ce dernier texte accorde à l'héritier la pétition d'hérédité même contre celui qui a violemment soustrait la possession au *de cujus.*

(109) Comp. p. ex. les anciens exégètes sur le § 4 I. de interd. (4. 15).

(110) De là la règle : *finis possessorii est principium petitorii* V. p. ex. GAILL. Obs. pract. I. 7 § 3; 32 § 11; cet auteur invoque à son tour les auteurs antérieurs.

(111) SCHILTER Praxis jur. Rom. En désignant la possibilité d'émanciper le possessoire du pétitoire, introduite au moyen de l'interdit *retinendae possessionis,* comme une innovation non prévue par le Préteur lui-même,

beaucoup d'anciens praticiens enseignent que le juge du possessoire doit, lorsque la propriété est établie dès l'abord, décider dans l'intérêt de l'abréviation du procès, au pétitoire et non au possessoire([112]). Cette opinion qui a trouvé même dans notre siècle quelques défenseurs ([113]), a dû succomber complètement devant l'influence décisive que l'écrit de SAVIGNY sur la possession a exercée sur la théorie et sur la pratique. D'autre part on ne peut mettre en doute, en présence des explications d'auteurs récents ([114]), que SAVIGNY de son côté ne soit allé trop loin en

mais intervenue plus tard, et comme une altération positive de l'ancien droit, qui considérait la procédure par *vindiciae* comme une partie intégrante de la revendication (Exerc. 16 § 10), il avertit le juge qu'il ne peut pas être trop facile à accueillir les remèdes possessoires, et il l'engage à terminer le débat d'un coup, *et quoad possessionem et proprietatem eodem judicio compendiose terminare.* Il cite même un auteur *qui pie monuit remedia possessoria in conscientia valde esse periculosa; nam nullo posse quem sine periculo animae possessorio remedio agere, etiamsi in eo bonum foveat jus, nisi etiam in judicio proprietatis res ad eum pertineat, et aliter agendo scienter mortaliter peccari et ad omnes expensas damna et interesse parti victae teneri* (Exerc. 13 § 12).

([112]) P. ex. PEREZ Prael. ad. Cod. lib. 8 tit. 6 § 20. LAUTERBACH Coll. th. pr. 43.17 § 13 et les auteurs qu'il cite. MEVIUS Decis. pars VII Decis. 248 : *Notorium dominium facit cessare interdictum uti possidetis et defensionem possessionis.* LEYSER ad Pand. sp. 468 med. 31, se réfère à une décision de la faculté de droit de Helmstadt ; il désigne l'opinion contraire comme une *vetus ac pervulgatus error, qui in jure fundamentum non habet, sed etiam rationi juris et aequitati adversatur.* PUFENDORF Obs. II n° 113, se réfère à une sentense de la Cour d'appel supérieure de Celle et exprime l'opinion : *Cum judicia possessoria* PRAEPARANDI INPRIMIS PETITORII *gratia inventa sint, qua praeparatione in petitorio manifesto non amplius indigemus.*

([113]) V. SCHMID, *Handb. des gemeinen Civilprocesses* III, p. 84. V. aussi THIBAUT *Pandekten* § 210 ainsi que les auteurs qu'il cite et STAHL Rechtsphil. II sect. 1, p. 308 (2e édit.).

([114]) V. surtout VANGEROW *Pandekten* § 336 note 1 et HERM. WITTE, *Das Interd. uti poss.* p. 28 s.

sens opposé, lorsqu'il a sacrifié par amour pour le caractère délictueux des interdits le point de départ des textes pour ce qui concerne les interdits *retinendae possessionis* et qu'il s'est efforcé de soumettre au même point de vue, même leur fonction dans la *reivindicatio*. L'interdit *uti possidetis* est à mes yeux la pierre angulaire de toute théorie possessoire. Du moment qu'un auteur se voit obligé d'y ajouter artificiellement la condition de la violence, que les sources n'exigent nulle part, il a démontré, à mon sens, que sa théorie n'est pas conforme au droit romain. Une pareille théorie ne s'accommode pas même aux besoins de la pratique car il faut absolument pour celle-ci, qu'une voie reste ouverte à la *controversia possessionis*, il faut qu'il soit possible de soumettre à une décision judiciaire le rapport possessoire contesté entre deux parties sans avoir été troublé en fait par l'une d'elles, il faut en un mot une action possessoire préjudicielle. Il n'est pas nécessaire de se fatiguer à chercher les cas où le besoin de cette action est irrécusable, ils s'offrent en foule ([115]), et si quelques-uns d'entre eux permettent à la rigueur de supposer qu'il y a eu retention de fait de la possession, la plupart résistent à un pareil artifice. Qu'on prenne p. ex. le cas de la L. 38, § 1 de poss. (**41.** 2). La possession a été livrée sous une condition, le *tradens* soutient que la condition n'est pas accomplie, l'*accipiens* soutient le contraire, et pour savoir à quoi s'en tenir, il veut intenter l'interdit *uti possidetis*. Je voudrais bien savoir comment on pourrait le lui refuser en se fondant sur

([115]) Même dans les sources, v. p. ex. la combinaison des textes dans WIEDERHOLD Das Interdit. uti poss. p. 18; on pourrait y ajouter mainte autre citation p. ex. L. 33. 34 p. de poss. (**41.** 2) L. 2. Cod. ibid. (**7.** 32.) Verb. *Si sciente*. L. 21 de usuc. (**41.** 3.) V. un exemple pratique récent dans SEUFFERT Archives XVII, n° 45. On y voit plusieurs membres d'une commune demander et obtenir la protection possessoire contre une résolution prise par l'autorité curatrice de la commune (Tribunal supérieur d'appel de Munich). V. dans le même recueil VIII, n° 221, un exemple analogue, où la protection possessoire est refusée, bien qu'à tort selon moi (Trib. supér. de Stuttgart).

les sources, car on trouve inconstablement ici la condition de la L. 1, § 3 uti poss. (33. 17.) : *Si inter ipsos* CONTENDATUR *uter possideat, quia alteruter se magis possidere* AFFIRMAT. Où se trouve ici la violence ou le trouble de fait de la part de l'adversaire? Ou bien deux personnes se disputent la possession d'une chose détenue par un tiers. Ce dernier (supposons par ex. que c'est l'héritier du détenteur originaire qui sait seulement que son auteur exerçait la possession au nom d'une des deux parties, mais qui ignore pour laquelle) ce dernier, dis-je, est prêt à la livrer à celui des deux qui établira sa possession. On ne peut absolument pas prétendre l'obliger à soutenir un procès contre ces deux personnes, au risque de succomber vis-à-vis de l'une d'elles et de devoir payer les frais du procès. Il ne reste plus dès lors qu'à laisser les deux parties terminer ce débat entre elles, et à quelle autre forme recourir si ce n'est à l'interdit *uti possidetis* ou *utrubi?* Où est ici le trouble de fait de la possession, si aucune des parties litigantes n'inquiète le détenteur? Est-ce peut-être qu'il y a trouble de fait du moment qu'on élève sur la possession une prétention qui empêche l'adversaire de réaliser les siennes? Si cela est vrai, la condition du trouble se réduit en dernière analyse à bien peu de chose : *à de simples paroles!* Alors que l'on rende tout simplement hommage à la vérité, et que l'on dise : la condition de l'interdit *uti possidetis* n'est pas le trouble ou la violation de la possession, c'est la prétention de posséder élevée par l'adversaire, et cette prétention peut être prouvée même par des paroles. D'ordinaire on recule devant cette extrémité de reconnaître la possibilité d'un trouble possessoire au moyen de simples paroles. Mais dans la littérature antérieure à SAVIGNY, qui n'était cependant pas encore influencée par le point de vue du délit, on trouve toujours énoncée la condition du trouble et cela même de la part d'auteurs qui admettent au surplus ce que j'appellerai, pour abréger, la fonction préjudicielle de ces interdits(119). Quelques-uns seulement ont eu le

(119) P. ex. dans VOET et WESTPHAL. cités par WIEDERHOLD, l. cit. p. 28.

courage de prendre ouvertement parti pour les paroles (117). Notre pratique moderne ne devrait pas hésiter, le cas échéant, à adhérer à cette opinion (118).

La possibilité de cette fonction purement préjudicielle des interdits possessoires est la conclusion inévitable des idées que nous avons développées jusqu'ici.

Si la protection de la possession tend à faciliter, à compléter, à perfectionner la protection de la propriété, on doit l'admettre, pour être conséquent, non-seulement là où la possession a été violée, mais encore là où elle est controversée entre les parties, tout comme on le faisait, dans le droit antique, par rapport à la propriété, aussi longtemps que la *reivindicatio* resta un *judicium duplex*. Pour motiver sa *reivindicatio* le demandeur ne devait pas, en ce temps, prétendre que sa propriété avait été *lésée* par la rétention de la chose de la part du défendeur, il lui suffisait de déclarer qu'ils étaient en désaccord sur la propriété et qu'ils demandaient au juge de trancher leur différend. Ce mode d'agir n'est plus en vigueur, pour la revendication, dans le droit nouveau, depuis qu'elle est devenue un *judicium simplex* et qu'elle suppose la possession dans la personne du défendeur, mais il s'applique toujours aux interdits *uti possidetis* et *utrubi* qui ont conservé sans changement leur caractère de *judicia duplicia*. Nos juges ne peuvent pas plus repousser une demande formulée en ce sens, que le Préteur ne pouvait, de son temps, repousser la demande correspondante par rapport à la question de propriété. Dans cette demande, la question de possession apparaît pure et sans mélange, exempte de tout élément de

(117) V. Lauterbach, Coll. theor. pract. 43. 17, § 8 et les auteurs qu'il cite : *Putant quidem nonnulli, quod necessario ad turbationem facta requirantur; verum quod etiam verba sufficient, probat L. 3, § 2 uti poss. (!) quod fit diffamando jus in alterius re sibi asserendo.*

(118) Le tribunal supérieur d'appel d'Oldenbourg l'a fait; V. Seuffert, Archives VII, n° 41, de même le tribunal d'appel supérieur de Munich ib. XVII. 45.

violence, c'est la possession telle que je la présente, comme une position ayant un intérêt patrimonial, qu'il ne suffit pas de défendre lorsqu'elle est lésée, mais dont il convient aussi de s'assurer lorsqu'elle est contestée, en un mot comme un rapport de droit sur une chose. Il est à peine besoin de dire combien cette idée est puissamment soutenue et confirmée par la circonstance que les jurisconsultes romains reconnaissent que la possession peut être l'objet des *condictiones* et de la *restitutio in integrum* (119).

VIII

2. Les interdits *recuperandae possessionis*

Il est à peine nécessaire de rappeler que les interdits recupératoires ne doivent faire l'objet de notre examen qu'en tant que l'exige le but de cette dissertation, c'est-à-dire uniquement eu égard à la question de savoir s'ils sont aussi en harmonie avec l'idée fondamentale de la possession, telle que nous la présentons.

D'après la théorie dominante, le droit romain limite à trois cas la protection récupératoire de la possession : à la possession *soustraite vi* ou *clam* ou *accordée precario*; pour le premier et le

(119) L. 2 de cond. trit. (**13**, 3). *Sed et ei, qui vi aliquem de fundo dejecit, posse fundum condici... Sed ita, si dominus sit, qui dejectus condicat; ceterum si non sit,* POSSESSIONEM *condicere Celsus ait.* L. 25 § 1 de furt. (**47**, 2). L. 15 § 1 de cond. ind. (**12**, 6). *Quemadmodum si falso existimans possessionem me tibi debere alicujus rei tradidissem, condicerem.* L. 9 § 2, L. 21 § 2 quod. met. (**4**, 2). *Qui possessionem non sui fundi tradidit, non quanti fundus, sed* QUANTI POSSESSIO *est, ejus quadruplum... consequetur.* On ne peut exprimer plus clairement que dans ce dernier passage la valeur patrimoniale indépendante de la possession, mais je ne voudrais pas pour ma part, être obligé d'entreprendre l'estimation que demande le jurisconsulte. Sur la *restitutio in integrum.* V. L. 23 § 3 ex quib. c. maj. (**4**, 6). — C'est à BRUNS l. c. p. 273, que revient le mérite d'avoir rappelé l'attention sur ce point longtemps perdu de vue.

troisième cas, outre les interdits *retin. poss.*, qui étaient aussi applicables, bien qu'avec une restriction quant au temps, *(annus utilis* et *major pars anni)* il y avait encore des interdits spéciaux exempts de cette restriction, savoir : l'interdit *unde vi* et de *precario*, tandis que l'existence d'un interdit spécial *de clandestina possessione* est problématique pour le droit antérieur.

Une des propositions les plus fortement établies de la théorie possessoire, c'est que l'interdit *de precario* est un interdit *recuperandae possessionis* : moi-même j'ai partagé cette opinion dans la première édition de cet écrit. Depuis lors je suis arrivé sur ce point à une conviction contraire. Dès la première édition j'ai démontré et j'ai développé plus amplement plus haut (p. 16 s.) que l'on ne peut trouver dans l'interdit *de precario* cette lésion délictueuse de la possession d'autrui, sur laquelle Savigny a bâti toute sa théorie de la protection possessoire. Mais les points suivants m'avaient échappé à cette époque :

1. Dans nos sources l'interdit *de precario* n'est jamais désigné comme interdit *recup. poss.* Aucun jurisconsulte romain n'a donné ce nom à l'interdit *de precario*, aucun ne s'est servi du mot *recuperare* à propos de cet interdit[120]; et ni dans les Institutes (§ 6 I. de int. 4.15), ni dans les Pandectes (L. 2 § 3 de interd. 43.1) ni dans Gaius (IV. 154) ni dans Théophile (IV. 15 § 6) on ne le trouve joint à l'interdit *unde vi*, comme second interdit *recup. poss.*; dans l'édit du Préteur comme dans les Pandectes il est séparé, par une foule d'autres interdits, de l'interdit *unde vi*, auquel il aurait dû être joint comme second interdit récupératoire[121].

Est-ce là un pur hasard? Le second point va répondre à la question.

(120) Si l'expression *restituere* qui se rencontre, pouvait suffire, il y aurait une foule d'autres interdits qui devraient recevoir le même nom.

(121) L'interdit *unde vi* est traité au titre 16 du livre 43 des Pandectes, l'interdit *de precario* au titre 26.

2. L'interdit *de precario* manque dans les points les plus essentiels du caractère des remèdes possessoires.

a. Il ne suppose pas nécessairement la possession dans le chef du concédant.

L. 18 de prec. (**43.26**) : *Unusquisque potest rem suam, quamvis* NON POSSIDEAT, *precario dare ei, qui possideat.*

L'héritier prie le légataire qui demande la délivrance de la chose léguée, de lui laisser celle-ci encore quelque temps; le tiers possesseur de ma chose à qui j'ai donné la preuve de mon droit de propriété, le reconnaît et obtient de moi un sursis à la délivrance. En m'appuyant sur ce texte, je puis, au moyen de l'interdit *de precario*, obtenir la délivrance forcée. Et cependant je n'ai jamais eu la possession de la chose! Dira-t-on que j'ai obtenu la possession au moyen du constitut possessoire? Mais le constitut possessoire suppose la *detentio* dans le chef du représentant. Le précaire peut aussi, il est vrai, avoir pour but une simple *detentio (ut in possessione esset)*, mais s'il n'y a pas de convention expresse à cet égard, le précariste a la possession juridique. Dès lors le concédant ne peut avoir la possession en même temps que lui. Si l'on admet dans les cas ci-dessus que la possession passe au propriétaire par la concession du précaire, alors il la conservera toujours, tant qu'il ne survient pas une nouvelle *causa* qui la fasse retourner au précariste, en d'autres termes, dans ces cas ou bien la possession passe par le précaire au concédant et alors il la garde toujours et le précariste n'a aucune possession, ou bien le précariste garde la possession avec mutation de *causa*, et alors le concédant ne peut l'acquérir, même momentanément. En somme, l'interdit *de precario* n'est pas un interdit récupératoire, car bien que ce soit en fait la règle que la possession passe du concédant au précariste, encore n'est-ce pas là une condition du précaire.

b. On peut opposer à l'interdit *de precario* l'exception de la propriété.

L. 4 § 3 ibid. *Item si rem meam precario rogavero, rogavi quidem precario, sed non* HABEO *precario, idcirco quia receptum est rei suae precarium non esse.*

Habere precario est la formule de l'interdit.

L. 2 pr. ibid. *Quod ab illo precario* HABES.

Si le défendeur parvenait à combattre cet *habere precario* par la preuve de sa propriété, le demandeur devait être repoussé. Il est vrai que la jurisprudence romaine la plus récente (122) a accueilli la proposition que le propriétaire lui-même peut prendre sa propre chose en précaire du possesseur actuel (*precarium* POSSESSIONIS par opposition à *precarium* PROPRIETATIS. L. 6 § 4 cit.), mais abtraction faite de ce cas (lorsqu'on a stipulé un simple précaire, ou comme disent les sources lorsque le précaire est assis sur la propriété), lorsque le précariste a découvert dans l'intervalle qu'il est lui-même propriétaire, il a contre l'interdit l'exception de la propriété dans son propre chef.

Comment concilier cette exception avec la nature d'un interdit possessoire! car l'essence de *tous* les interdits possessoires est précisément que la question du droit est exclue en principe!

c. Celui qui se fait promettre la restitution du précaire (par stipulation) perd l'interdit *de precario.*

L. 15 § 3 ibid. *Cum quis de re sibi restituenda cautum habet, precarium ei interdictum non competit.*

Cependant un remède possessoire et une action personnelle en restitution peuvent fort bien exister ensemble. Le bailleur expulsé par son locataire peut, s'il le veut, le contraindre à la restitution du fonds au moyen de l'*actio locati*, mais aucun jurisconsulte romain n'a vu là un motif de ne pas lui accorder aussi l'interdit *unde vi* (123).

(122) L'origine récente de cette proposition ressort de la manière dont Ulpien la motive dans la L. 6 § 4 *mihi verius videtur... et est haec sententia etiam utilissima.*

(123) L. 12 de vi (43, 16). J'avoue ne pas pouvoir comprendre pourquoi la circonstance que le précaire « n'est nullement considéré en droit comme une convention » devrait avoir pour conséquence que « l'interdit disparaît du moment où une autre action se trouve ouverte » (SAV. p. 435) il devrait en être parfaitement de même de l'interdit *unde vi.*

Que reste-t-il encore du caractère possessoire de l'interdit *de precario*, si on ne le lui trouve dans aucun des points essentiels? Rien, si ce n'est la circonstance qu'il tend à la restitution de la possession. Mais si cette circonstance suffisait, la revendication et l'*actio emti* devraient aussi être des actions possessoires. Il résulte de là que SAVIGNY (avant lui personne que je sache ne l'a fait) a placé l'interdit *de precario* parmi les interdits *recuperandae possessionis*, avec aussi peu de fondement qu'il a placé parmi les interdits *adipiscendae possessionis* ceux dont nous avons parlé plus haut p. 65 ([121]).

L'interdit *de precario* étant ainsi éliminé, nous pouvons dans la suite nous borner aux deux cas qui restent : à la soustraction violente et clandestine de la possession. On sait que le dernier cas n'a pas pour le droit nouveau une importance très grande. La possession des choses immobilières ne se perd pas clandestinement, c'est-à-dire à l'insu du possesseur, en droit moderne. Cette perte n'a lieu que lorsqu'il acquiert connaissance de l'occupation d'autrui. Si alors l'occupant ne cède pas volontairement, on peut intenter contre lui, comme nous le démontrerons plus loin, l'interdit *unde vi*; en d'autres termes, le droit moderne voit dans cette appréhension arbitraire de la possession, lorsqu'elle n'est pas restée à l'état de simple tentative, une *dejectio* violente. La possession des choses mobilières se perd bien clandestinement, mais en règle générale l'appréhension en tombe sous la notion du *furtum* ou de la défense privée, et les remèdes juridiques qui en découlent suffiront. D'autre part, on ne peut révoquer en doute la possibilité d'obtenir la restitution de ces choses au moyen de l'interdit *utrubi*. Quoiqu'il en soit du reste, nous devrons dans la critique du système romain sur les moyens récupératoires de protection (interdits *unde vi* et *retinendae*

([121]) Nous n'avons pas à rechercher ici comment on doit réellement concevoir l'interdit *de precario*.

possessionis dans leur fonction récupératoire) prendre pour base les deux modes de perte : *vi* et *clam*.

Le point de vue sous lequel je considère ce système de protection, en poursuivant le développement de l'idée fondamentale de cette dissertation, diffère de celui de la doctrine dominante. En effet, tandis que celle-ci s'en tient au fait que le système est limité aux deux cas : *vi* et *clam* comme à un point placé désormais à l'abri de toute controverse, je préfère me demander : D'où provient cette limitation, comment peut-elle se justifier? répond-elle aux besoins de la vie? Il est certes très facile de ne pas s'inquiéter de tout cela, mais à mes yeux, ce n'est là qu'une conséquence de l'erreur où est la doctrine dominante sur le sens et sur l'importance des interdits possessoires.

Si les interdits possessoires, comme je crois l'avoir suffisamment démontré plus haut, trouvent leur motif législatif, non dans le délit du *dejiciens*, mais dans l'intérêt du possesseur, il serait logique d'admettre qu'ils s'étendent aussi loin que cet intérêt. Or ce dernier ne se limite nullement au besoin d'être garanti contre la soustraction *clandestine* ou *violente* de la possession, mais il réclame protection contre *toute espèce* de soustraction, sans distinguer si elle est ou non un délit. Il ne peut être question de délit lorsque quelqu'un possède *bona fide*, comme propre, une chose d'autrui qui s'est confondue avec les siennes; lorsque l'acheteur d'un fonds rural prend par erreur en culture, comme propre, une parcelle appartenant aux possessions de son voisin; ou lorsqu'il achète une pièce de terre de celui qu'il suppose propriétaire, mais qui n'est en réalité que le fermier d'un autre. Dans tous ces cas, si la protection récupératoire de la possession est liée à la supposition de la soustraction *vi aut clam*, le possesseur précédent devra agir au pétitoire, ce qui dans beaucoup de cas équivaut à la perte de la chose, vu la difficulté de prouver la propriété. Quant à moi, je ne vois là qu'une rigueur injustifiable et je me demande si cette rigueur a échappé au droit romain et quel peut en être le motif? N'oublions point, quant au premier membre de la question, que jusqu'à Justinien cette lacune n'existait point pour les choses *mobilières*. L'interdit *utrubi* au moyen duquel les choses mobilières pouvaient être répétées même contre des tiers, ne supposait pas une appréhension délictueuse de la possession, et en abolissant cet interdit, Justinien a essentiellement altéré l'ancien droit, à mon avis. Tout au plus aurait-il pu le refuser contre le tiers possesseur, mais en le conservant contre celui qui est la cause immédiate de la perte de la possession. Les interdits récupératoires au contraire étaient, comme on le sait, limités aux deux cas principaux de la soustraction injuste de la possession, *vi aut clam*. Je puis l'expliquer mais non le justifier. On sait que les notions juridiques ont souvent à leur première apparition dans l'histoire un aspect limité qui dans des circonstances données est loin de correspondre à leur véritable destination, et à leur vrai but, aspect dont elles ne parviennent à se dépouiller qu'après un long développement([125]). Produits des besoins et de l'expérience, non de l'idée juridique abstraite, ces notions ne dépassent généralement pas les mobiles pratiques auxquels elles doivent leur existence, et se contentent d'un état de fait qui reproduit la substance du rapport dans une forme accessible, tangible, mais la plupart du temps trop étroite. Je citerai parmi une foule d'autres exemples, la notion du *damnum injuria datum*. Sa forme abstraite telle que nous la rencontrons dans la jurisprudence postérieure était beaucoup trop élevée pour la *lex Aquilia* qui la formulait tout concrètement par : *quod usserit, fregerit, ruperit*. Le Préteur procéda de la même manière par rapport aux interdits possessoires, lorsqu'il appliqua tout concrètement aux deux cas principaux *vi aut clam*, la notion de la soustraction injuste de la possession. Cette formule pouvait suffire pour la plupart des cas, parce que les jurisconsultes s'appliquaient, par une intelligente interprétation, à lui donner l'extension néces-

([125]) V. mon *Esprit du droit Rom*. t. III, p. 30.

saire([126]). Mais ils rencontraient cependant une limite, car ils ne pouvaient ranger sous la notion de la *vis* les trois cas cités plus haut p. 94 ; sans la transformer entièrement.

Mais ce que ne pouvaient point les jurisconsultes, la législation le pouvait, et à mon avis, la législation postérieure a en effet comblé cette lacune. Cette opinion autrefois très répandue, contredite par peu d'auteurs, et qui pouvait même invoquer l'autorité d'un CUJAS([127]), a dû dans notre siècle reculer de plus en plus devant la contradiction dont elle fut l'objet de la part de SAVIGNY. Cette contradiction n'a pas réussi à me convaincre. Au contraire je puis à peine comprendre comment on peut la soutenir lorsqu'on examine sans prévention les passages qui s'y rapportent dans les Codes de Théodose et de Justinien. Il est vrai que si l'on admet avec SAVIGNY, comme base de toute la théorie possessoire l'opinion préconçue que les interdits possessoires doivent être des *actiones delicti*, et que tout l'intérêt juridique de la possession consiste à ce qu'elle peut être l'objet d'un délit, il est naturel que pour sauver cette base erronée, on tente le possible et l'impossible pour se tirer d'embarras.

CUJAS, que SAVIGNY lui-même cite comme le défenseur principal de cette opinion, a réuni d'une manière brève et succincte les motifs que l'on peut emprunter aux sources([128]), sauf un ou deux passages dont il a omis de se servir, et j'ai moins besoin de les compléter que de les défendre contre les objections de SAVIGNY.

SAVIGNY attache une grande importance à la circonstance que Justinien n'a égard, ni dans les Institutes où il consacre à

([126]) Particulièrement par l'interprétation de la notion de la *vis*, qu'ils en limitaient pas, comme SAVIGNY (p. 401), à « la violence affectant directement la personne; » V. p. ex. L. 1 § 24, 29. L. 3 § 7, 8. L. 12. L. 18 de vi (43, 16), etc.

([127]) V. SAVIGNY, p. 441.

([128]) Surtout dans ses Observat. I. 20. XIX. 16.

l'*interd. unde vi* environ 6 lignes, (§ 6 I. de int. 4. 15) ni dans les Pandectes, à la prétendue extension de la protection possessoire dans le droit nouveau. Mais combien de choses nouvelles n'y a-t-il pas dans le Code, dont il n'est fait aucune mention dans ces recueils! D'ailleurs il ne s'agissait pas dans l'innovation dont nous parlons, d'abolir l'interdit *unde vi*, comme on pourrait le croire à entendre SAVIGNY, mais de l'étendre par analogie à des cas spécialement déterminés. Remarquons en outre que Justinien ne fait aucune mention, dans les Institutes, de l'innovation radicale que d'après l'opinion de SAVIGNY (v. plus loin) il aurait introduite dans la L. 11. Cod. *unde vi* (8. 11.) et par laquelle il aurait aboli un principe fondamental de la théorie possessoire ancienne : la condition d'existence actuelle de la possession requise pour l'interdit *unde vi*. Justinien n'en fait aucune mention dans les Institutes et il n'a pas même fait concorder avec cette innovation les expressions employées par les Jurisconsultes des Pandectes!

Les textes qui concernent l'innovation en question, appartiennent tous, à l'exception d'un seul, au titre du Code *de acquirenda vel amittenda possessione* et aux titres *unde vi* des Codes de Théodose (IV. 22.) et de Justinien (VIII. 4.). Lorsque ces textes ordonnent la restitution de la possession pour certains cas de perte non violente, on ne peut considérer comme le remède applicable dans le sens des rédacteurs de ces recueils, la *reivindicatio*, ainsi que veut le faire croire SAVIGNY (v. plus loin) à propos de la L. 4».Cod. h. t. qui le gêne d'une manière particulière. mais seulement un remède possessoire, c'est-à-dire un remède qui ne suppose que la preuve de la possession et de la soustraction alléguée, soit donc l'interdit *unde vi* lui-même, soit tout autre analogue : la distinction est une question de forme de peu d'importance. On connaît l'influence qu'a exercée la disparition de l'*ordo judiciorum privatorum* sur la notion des interdits ([120]). L'affaiblissement et l'oblitération de l'ancienne notion

([120]) § ult. I. de interd. (4, 15).

des interdits, que l'on peut déjà remarquer dans les termes employés par les Constitutions de la fin du IIIe siècle et du commencement du IVe ([130]), facilita l'extension de la sphère d'application de l'interdit *unde vi*, de la même manière que l'apparition des actions *in factum* a facilité celle de l'*actio legis Aquiliae*. Il surgit même un nouveau nom, celui d'*interdictum momentariae possessionis* (L. 8. Cod. unde vi, L. 8, Cod. Theod. de jurisd. 2, 1) d'*actio momenti* (L. 3. Cod. Theod. ibid.) ou de *momentaneae possessionis actio* (L. 8. Cod. qui legit pers. 3, 6); l'expulsé a la *facultas ad repetendum* MOMENTUM (la 4 Cod. Theod.) le Juge doit le restituer dans la *momentaria possessio* (L. 1 C. Theod.) ([131]). A une époque où la langue est corrompue, comme l'étaient les dernières années de l'empire, l'apparition d'expressions nouvelles n'est certes rien moins qu'un indice certain de la formation de nouvelles notions qui y correspondent; mais il en est tout autrement dans ce cas. A mon avis on peut démontrer à l'évidence que dans cette *actio momentariae possessionis* il ne faut pas voir l'interdit *unde vi* dans le sens des jurisconsultes romains.

Il y a deux particularités essentielles qui caractérisent cette action et la distinguent de l'interdit *unde vi* de l'ancien droit([132]). La première, dont SAVIGNY ne fait mention dans aucune partie

([130]) V. p. ex. la L. 3 Cod. de interd. (8, 1) : *Interdicta autem licet in extraordinariis judiciis proprie locum non habent*, TAMEN AD EXEMPLUM *eorum res agitur*. L. 2 Cod. unde vi (8, 4) *restituendos esse interdicti* EXEMPLO. L. 4 ibid. AD INSTAR *interdicti unde vi convenire potes*. L. 1 Cod. si per vim (8, 5) ACTIONEM *recuperandae possessionis*.

([131]) V. une quantité d'autres passages contenant des expressions analogues dans J. GOTHOFREDUS au commentaire sur le titre susdit du Code Theod. 6, I. p. 449 (éd. Ritter).

([132]) JAC. GOTHOFREDUS l. c. n'en cite pas moins que douze. La question de savoir s'il ne faut pas noter comme troisième particularité la rapidité de la procédure qui est mise en relief dans beaucoup de textes (p. ex. Cod. Theod. L. 5 de denunt. L. 4 : *juris suffragium, quod in celeri reformatione*

de son livre, a été introduite par l'édit de Constantin, V. la L. 1 Cod. Theod. h. t. (L. 1 C. Just. si per vim **8**, 5) et brièvement résumée dans l'édit de Théodose et Honorius de la L. 3 Cod. Qui legit. (**3**, 6) : *Momentaneae possessionis actio exerceri potest* PER QUAMCUNQUE PERSONAM. La seconde innovation est l'extension de la notion de l'appréhension injuste de la possession au-delà de l'idée de la *vis*, extension dont nous nous occupons ici. Elle est démontrée de la manière la plus incontestable par une foule de témoignages. Non-seulement, à côté de la *vis* on reconnaît encore la possibilité d'un autre trouble de la possession :

Rubrique du liv. **8**, 5 Cod. : *Si* PER VIM VEL ALIO MODO *absentis perturbata sit possessio* ;

L. un Cod. ubi de poss. (**3**, 16) : *ubi* VIS *facta dicitur*, AUT *momentaria possessio postulanda est* ;

non-seulement, l'importance de cette distinction est clairement indiquée pour les matières criminelles :

L. 5 Cod. **8**, 4. *Invasor locorum* POENA *teneatur legitima, si tamen vi loca eadem invasisse constiterit. Nam si* PER ERROREM *aut* INCURIAM DOMINI *loca ab aliis possessa sunt* : SINE POENA *possessio restitui debet* [133].

L. 8 ibid. *Momentariae possessionis interdictum, quod* NON SEMPER *ad vim publicam pertinet, vel privatam, mox audiri, interdum etiam sine inscriptione meretur* [134] ;

mais encore on trouve l'obligation de restituer la possession

---

consistit. L. 4 unde vi **4**, 22 : *celeri redhibitione*. L. 1 utrubi **4**, 23 : *Celeri reformatione*. L. 3 ad leg. Jul. de vi **9**, 10. *Amissae possessionis jura reparentur eademque protinus restituta*. Cod. Just. L. 6 unde vi **8**, 4. *illico reddatur*. L. 14 de agric. **11**, 47 etc.) dépend de la controverse connue sur la nature sommaire des interdits dans le droit classique.

(133) Ce passage forme la proposition finale de la L. 1 Cod. Theod. fin. reg. (**2**, 26).

(134) Des mots *non semper* de ce dernier passage il résulte que l'interdit ou l'action *momentariae possessionis* embrasse aussi les cas de l'interdit *unde vi*.

obtenue injustement, reconnue dans une foule de cas placés sous leurs titres respectifs, et qui ne peuvent en aucune façon être considérés au point de vue de la violence.

Avant de rapporter ces cas, je dois rencontrer les objections par lesquelles SAVIGNY a tenté d'énerver la force probante des quatre textes qui précèdent. Il croit pouvoir éliminer la rubrique citée, de la façon suivante : La L. 2 du titre, la seule à laquelle puissent se rapporter les mots *vel alio modo*, dispose que dans le cas d'une contestation judiciaire, lorsque l'une des parties est absente, l'état de possession ne pourra être modifié ni par un rescrit de l'Empereur, ni par un décret du juge. Il est évident d'après SAVIGNY, que cette disposition ne concerne que la procédure, et que les compilateurs ont eu tort de l'insérer ici, où ce n'était pas sa place. C'est ce que je conteste formellement. Une disposition qui frappe aussi bien la procédure que la possession, peut être appliquée aux deux matières comme cela a eu lieu en fait, de la part des compilateurs de Justinien, pour la première particularité mentionnée plus haut, de l'*actio momentaneae possessionis*. Le texte cité a été emprunté à la L. 5 Cod. Théod. unde vi (4, 22) : il en résulte que les compilateurs du Cod. Théod. eux-mêmes considéraient la relation de cette disposition avec la possession comme étant des plus importantes, ce qui se comprend aisément après ce que nous venons d'exposer. Ce n'est pas inconsidérément que les rédacteurs du Cod. Just. ont suivi cet exemple; loin de là, le classement systématique de ce texte a été l'objet de leur sérieuse attention; cela résulte à l'évidence de ce qu'ils ne l'ont pas laissé sous le titre *unde vi* (8, 4) mais qu'ils l'ont transporté sous le titre nouveau qu'ils ont créé [135]. Dans le sens des compilateurs du Cod. Théod., le cas auquel se réfère ce texte appartient indubitablement à la sphère d'application élargie de l'interdit *unde vi*. Les compilateurs de Justinien qui avaient ce

[135] Les compilateurs des Basiliques le placent également dans la possession lib. 50 tit. 3 L. 52.

fait sous les yeux, ne pouvaient plus clairement exprimer l'extension qu'ils entendaient donner au principe de cet interdit qu'en insérant le titre qui y est relatif et dans lequel ils rapportent deux innovations de principes à l'ancien droit, entre le titre *unde vi* (8, 4) et le titre *uti possidetis* (8, 6).

SAVIGNY n'a point examiné le deuxième des textes cités plus haut, qu'aucun auteur n'a encore, que je sache, invoqué jusqu'ici. Quant au troisième, il soulève de nouveau l'objection d'une faute du classement systématique. Cette objection, disons-le en passant, est pour SAVIGNY une arme à double tranchant : le seul argument sur lequel il appuie son opinion connue, que l'interdit *unde vi* aurait été étendu en droit nouveau aux choses mobilières, est... le classement de la L. 7, Cod. h. t. (sur les peines de la défense privée dans la soustraction de la possession) sous le titre : *unde vi*. C'est se contredire étrangement que de n'attacher, dans un cas, aucune importance quelconque à l'insertion d'un texte sous un titre déterminé, et d'en faire découler dans, un autre cas, les conséquences les plus variées : ici l'on reproche aux compilateurs d'avoir perdu la question de vue, là on reconnaît qu'ils l'ont attentivement, mais trop brièvement examinée. SAVIGNY fonde ses objections contre ce texte sur les mots : *per errorem vel incuriam* DOMINI (au lieu de *possessoris*) qui prouvent *suffisamment* que c'est la *reivindicatio* que ce passage a en vue.

Il est difficile de comprendre comment un SAVIGNY a pu soulever une objection aussi insignifiante, qu'il néglige lui-même, sans s'en inquiéter, dans d'autres occasions ([136]), et qui ne mérite d'autre réfutation, en ce qui le concerne, qu'un simple renvoi aux nombreux passages dans lesquels le *dominus* intente les interdits possessoires (p. 72 s.) Le quatrième passage enfin,

([136]) Il pourrait en effet rapporter avec tout autant de raison à la revendication les termes de la L. 12. Cod. de poss. (7. 32) : *nihil penitus domino praejudicii generetur*, mais ici (p. 344) il ne se fait pas le moindre scrupule de les entendre de la continuation de la *possession*.

aurait cette signification qu'il y a des cas où l'on pourra invoquer l'ancien interdit *unde vi*, mais où il ne peut y avoir d'*accusatio ex lege Julia*. SAVIGNY est resté en défaut de le prouver, car c'est produire une allégation purement gratuite que de dire qu'il n'y a pas de *crimen vis* dans l'exemple qu'il croit pouvoir invoquer : si pendant l'absence du possesseur son immeuble est occupé sans violence, et qu'à son retour il n'ose essayer de se remettre en possession. Non-seulement cette assertion ne trouve aucun appui dans la théorie des auteurs des Pandectes (137), mais elle met Justinien en contradiction avec lui-même dans le même titre; car il dispose expressément dans la L. 11 ib. qu'un pareil occupant doit aussi être traité comme *praedo*.

Occupons-nous maintenant des cas particuliers dans lesquels le droit nouveau a admis l'interdit ou l'action *momentariae possessionis*. Ce sont les suivants :

1. *Le cas de l'*ERREUR. D'après la L. 5. Cod. h. t. citée plus haut, on pouvait se demander si l'expression *per errorem* doit être entendue seulement de l'erreur du possesseur précédent ou aussi de celle de l'occupant; le tout dépend de la question de savoir si l'ajoute : *domini* se rapporte à *per errorem* ou seulement à *incuriam*. D'après la L. 11 ibid. on ne peut mettre en doute que l'obligation de restituer existe aussi dans le cas d'erreur de l'occupant, car Justinien rejette expressément ici le prétexte qu'on utilisait volontiers, paraît-il, dans l'occupation des immeubles d'un absent, savoir que l'on avait faussement considéré comme sien le fonds de l'adversaire *(ridiculum etenim est dicere vel audire, quod per ignorantiam alienam rem quasi propriam occupaverit, omnes autem scire debent, quod suum non est, hoc ad alios modis omnibus pertinere)*. L'intérêt pratique de ce cas est

(137) Comparez par ex. les passages suivants du titre *ad Leg Jul. de vi privata* (48. 7.) qui s'occupent uniquement de l'appréhension *de fait* des choses d'autrui sans mentionner la violence contre le possesseur : L. 3, § 2 *per injuriam* EX BONIS *ablatum quid*. L. 7. *si in rem debitoris intraverint nullo id concedente*. L. 8. *sine auctoritate judicis res debitoris occupet*.

manifeste. Dans la mutation de la propriété des fonds ruraux par succession ou vente il peut arriver que le nouveau propriétaire n'ait pas une connaissance exacte de l'étendue de son bien et qu'il prenne, par erreur, trop peu ou trop en sa possession. Si, dans le premier cas, son voisin profite de cette erreur pour s'approprier le surplus, ou si, dans le second cas, il ne s'en aperçoit pas, cette erreur occasionne un changement dans le rapport possessoire, auquel il ne pouvait d'après le droit ancien être remédié que par la *reicindicatio* et non par un remède possessoire [138].

Le besoin d'un secours était incontestable ici, car c'est à mon avis, déployer une rigueur injustifiable que d'exiger du propriétaire la preuve de sa propriété vis-à-vis d'un adversaire qui, ainsi qu'il peut démontrer, lui a soustrait la possession sans aucun fondement juridique. Ceux-là seuls qui, méconnaissant le véritable but des interdits possessoires, mettent au-dessus des intérêts pratiques de la vie quotidienne une notion scolastique souverainement étroite qu'ils ont eux-mêmes créée, peuvent critiquer l'extension à ce cas de la notion de l'*injusta possessio* opérée par le droit nouveau. Qu'importe pour le possesseur, l'intérêt devant être le seul point de vue décisif dans toute cette matière, que l'adversaire lui ait enlevé la possession par violence ou d'une autre manière? Il suffit que cela se soit fait *injuste*, contre sa volonté, et que la possession soit reconnue en principe comme un rapport qui mérite et réclame protection. Que de fois au surplus, ne sera-t-il pas douteux si l'acte du tiers doit être qualifié appréhension de la possession ou simple tentative d'appréhension! Supposons que dans le cas ci-dessus le propriétaire

---

(138) L. 37, § 1 de usurp. (41. 3.) *Fundi quoque alieni potest aliquis sine vi nancisci possessionem, quae vel ex negligentia domini vacet vel quia dominus sine successore decesserit vel longo tempore abfuerit.* La *negligentia domini* dans ce passage correspond à l'*incuria domini* du passage cité plus haut.

qui se trouve présent sur son bien (et auquel on ne peut dès lors appliquer les principes qui concernent la perte de la possession des fonds de personnes absentes) apprenne seulement au printemps, que son voisin a cultivé et entouré de clôtures une parcelle éloignée de son fonds, à l'automne précédent. Sa possession est-elle dans ce cas simplement troublée ou est-elle enlevée? Si le juge se décide pour la première alternative, le possessoire, c'est-à-dire la preuve de sa *possession*, suffit pour le demandeur; si le juge se décide pour la seconde alternative, le demandeur doit recourir au pétitoire, c'est-à-dire apporter la preuve de sa *propriété!* Quelle serait la conséquence d'un pareil principe? C'est que tout juge ayant un certain tact pratique se déclarerait à tout prix pour la continuation de la possession.

2. *Infidélité du représentant.* Lorsque le détenteur *alieno nomine* abandonnait à un tiers la possession du fonds, le propriétaire n'avait, d'après l'ancien droit, aucun moyen possessoire contre ce tiers, il en était réduit aux moyens pétitoires. C'était évidemment un grand danger pour le propriétaire. Il dépendait souvent ainsi du fermier de lui faire perdre sa chose, car on sait que la preuve de la propriété, qui est chose si facile sous la plume du théoricien, présente de nombreuses difficultés pratiques. Peut-on reprocher au droit nouveau d'avoir comblé cette lacune? Déjà la L. 6 § 1, Cod. h. t. (L. 2 Cod. Théod. h. t.) de Gratien et Valentinien (382), dont nous n'avons pas encore fait usage jusqu'ici, y avait pourvu, pour le cas spécial où des tuteurs auraient, par collusion entre eux, cédé à l'adversaire la possession de leur pupille. Le pupille ne devait pas souffrir de cette *culpa temeritatis alienae, « sed illico quidem possessio ei, a quo ablata est, reddatur. »* C'est bien d'un remède possessoire qu'il s'agit ici, comme le prouvent le classement du passage sous le titre *unde vi*, et l'allusion à la célérité de la procédure (ILLICO *reddatur*), qui d'après la dernière terminologie est le signe distinctif certain de l'*act. mom. poss.* [139]).

(139) V. les passages cités par JAC. GOTHOFREDUS, l. cit.

Dioclétien avait édicté la même disposition, dans la L. 5 Cod. de poss. (7. 32) pour le cas de la vente de la part du fermier. L'expression : DOMINII *tui jus non convelli* peut, il est vrai, être entendue de la revendication, mais l'Empereur a bien en vue la protection possessoire; cela résulte non-seulement de la rubrique du titre : *de acquirenda et* RETINENDA POSSESSIONE, mais encore de la proposition énoncée au commencement du passage : *nemo causam* POSSESSIONIS *sibi mutare potest*. sans compter la banalité de cette proposition qu'on devrait, dans le cas contraire, mettre dans la bouche de l'Empereur : que le fermier ne peut priver le bailleur de sa *propriété*. Justinien dans la L. 12 Cod. de poss. (7. 32) a étendu cette disposition d'une manière générale à la représentation en matière de possession :

Ut sive servus, sive procurator, vel colonus, vel inquilinus, vel quispiam alius, per quem licentia est nobis possidere, corporaliter nactam possessionem cujuscunque rei dereliquerit, vel alii prodiderit, desidia forte aut dolo, ut locus aperiatur alii eandem possessionem detinere : nihil penitus domino praejudicii generetur, ne ex aliena malignitate alienum damnum emergat.

Le propriétaire ne souffrira donc aucun dommage, c'est-à-dire, on lui restituera la chose, et cela non à cause de sa propriété — ce que personne que je sache n'a encore soutenu, bien que SAVIGNY eût pu le soutenir avec autant de raison que pour la L. 5 Cod. *unde vi*, en se fondant sur le mot *domino* — mais à cause de sa possession. Il y a cependant une grande divergence d'opinions, qui remonte jusqu'à l'époque des glossateurs, sur la nature juridique de ce rapport possessoire : faut-il admettre que la possession *continue* ou qu'elle *a cessé*(140)? Il est à peine nécessaire de dire que SAVIGNY défend la première opinion, car la seconde est en contradiction flagrante avec son idée de la nature restreinte de la protection récupératoire de la possession.

Cette opinion ne trouve de confirmation que dans la L. 3, § 6-9

(140) SAVIGNY, p. 346.

de poss. (**41.** 2) de Paul. SAVIGNY cherche à en induire, que dans l'opinion de ce jurisconsulte, la possession ne continue pas seulement dans le cas qu'il mentionne expressément, c'est-à-dire lorsque le représentant se borne à s'éloigner, mais aussi dans le cas où il l'a livrée à un autre. Mais Africain et Papinien enseignent formellement le contraire, pour ce dernier cas dans la L. 40, § 1, 44, § 2 ibid.([141]). D'autre part, la prétendue opinion de Paul, si on doit l'entendre dans le sens de SAVIGNY, est exprimée en des termes qui répondent mal à une divergence aussi importante (§ 9 cit. *nam* CONSTAT *nos possidere donec* etc.). RUDORFF (sur SAVIGNY p. 704) ajoute aux témoignages ci-dessus la citation empruntée par Gellius (XI. 18 § 13) à l'ouvrage de Sabinus *de furtis*, sur la condamnation du chef de vol d'un fermier qui avait vendu le fonds, et qui par là : POSSESSIONE *ejus dominum* INTERVERTISSET. Je puis à mon tour apporter une preuve nouvelle, savoir la L. 3, § 1 Cod. *unde vi*, dont il s'est agi plus haut, qui fait résulter de la livraison doleuse de la possession par le tuteur la perte de la possession dans la personne du pupille *(possessio ei, a quo* ABLATA *est reddatur)*.

L'intérêt pratique de cette différence n'est pas sans importance pour la question de la protection possessoire, en faisant même abstraction complète de l'usucapion. Les deux opinions tendent à la vérité à faire recouvrer au possesseur la possession qui lui avait été enlevée en fait. Mais dans l'opinion de SAVIGNY le possesseur doit à l'instant même où il apprend l'état des choses, prendre des mesures judiciaires ou extrajudiciaires pour représenter la possession comme *existant encore*, sinon il la perd, et par suite, comme il n'y a pas de violence, il perd en même temps le remède récupératoire; l'opinion opposée, au contraire, lui accorde l'interdit *unde vi*, pour toute la durée de la prescription,

([141]) La L. 33, § 4 de usurp. (**41.** 3.) paraît n'avoir eu en vue que des choses mobilières. Or, on sait que pour ces choses, la perte de la possession était réglée d'une manière différente.

en lui permettant de l'intenter même en cas d'aliénation ([142]), tandis que l'int. *uti possidetis* suppose la possession actuelle dans la personne du défendeur.

3. *Disposition judiciaire illégale.* Le principe de l'invalidité d'un changement de possession opéré par une décision judiciaire illégale est reconnu par le Code de Justinien dans deux passages, dans la L. 2 Cod. si per vim (**8**, 5), et dans la L. 3 Cod. qui legit. (**3**, 6). Aux termes du premier passage, un rescrit impérial ou une disposition judiciaire qui prononce la transmission de la possession ne peut être exécuté en l'absence du possesseur actuel ([143]). La contravention à cette défense rentre dans les hypothèses visées par la rubrique du titre : *Si (per vim) vel* ALIO MODO *absentis* PERTURBATA *sit possessio*, d'où la conséquence que la restitution de la chose, à cause de la simple possession, et non de la propriété, résulte de la position et de la contexture du titre ([144]). Le second passage dispose en ces termes : l'envoi en possession judiciaire obtenu par surprise *(sub colore adipiscendae possessionis obreptitia petitio)*, surtout lorsque l'adversaire n'a pas été entendu, ne peut porter préjudice à ce dernier, et l'exécution éventuelle de l'ordre d'envoi peut être invalidée au moyen de l'*actio momentaneae possessionis* ([145]). L'enchainement de ce passage manque de clarté au premier abord. Mais toute obscurité disparaît lorsque l'on se réfère à

([142]) Et même contre celui qui n'a fait qu'évincer le possesseur sans s'approprier lui-même la possession. L. 4, § 22 de usurp. (**41**. 3.).

([143]) V. J. Gothofredus sur la L. 1 Cod. Theod. *unde vi* (T. I, p. 452) sur la nécessité de protéger les absents contre ces mesures et d'autres semblables tendant à leur enlever subrepticement la possession.

([144]) Dans le Cod. Theod. ce passage figure comme L. 5 au titre *unde vi*, le passage suivant comme L. 6.

([145]) V. Bruns l. c. p. 72, 73 sur la question autrefois très débattue si l'interdit *unde vi* est admissible aussi contre les exécutions illégales de l'autorité. Bruns la résout affirmativement, et avec raison, par analogie avec la L. 3 § 1 *quod met.* (4, 2).

l'ordonnance de Constantin, mentionnée plus haut, (p. 97) que contient la L. 1 Cod. Theod. h, t. Constantin y avait disposé que si *possessio absentis, quam propinquus vel amicus vel servulus quolibet titulo retinebat, quolibet pacto ablata sit*, ces détenteurs devraient être autorisés à intenter l'action *moment. poss.*, et la L. 4 ibid. accordait cette faculté à tous les proches de l'absent (*servis, amicis, parentibus, proximis vel libertis*), indépendamment même de la condition de détention. Or la L. 3 susdite, par cela même qu'elle met en première ligne cette propriété de l'action d'être une action populaire (*momentaneae possessionis actio exerceri potest per quamcunque personam*), en fait application au cas dont il s'agit, d'un envoi en possession judiciaire obtenu par surprise, cas que les deux passages n'excluent point, bien qu'ils ne le mentionnent pas expressément[116].

L'action qui, en l'absence du possesseur, est accordée dans son intérêt, à tout tiers, appartient à plus for. raison au possesseur lui-même, peu importe qu'il fût présent on absent au moment de la prise de posession par l'adversaire. Il doit prouver sa possession et la nullité de l'envoi en possession.

La L. 2 Cod. Theod. *unde vi* (4, 22) cite encore un pareil cas d'appréhension subreptice de la possession, sous couleur de droit. C'est celui où l'on a abusé d'un rescrit impérial (*neque vulgato rescripto neque adversario solenniter intimato*), ou bien allégué faussement un jugement passé en force de chose jugée afin d'intimider le possesseur[117]. Il y avait également lieu, dans ce

(116) En effet, bien que la L. 1 cit. emploie aussi les termes *dejecti* et *violentia*, ses autres expressions sont tout-à-fait générales : *Cujuslibet rei possessione* PRIVATI, QUOLIBET PACTO *poss. ablata* (telle est la version de Hänel d'après les meilleurs manuscrits, d'autres mettent en rapport *quolibet pacto* et *peregrinatur* ainsi que le fait aussi la L. 1 Cod. si per vim (8, 5). *status, qui* PER INJURIAM SUBLATUS *est*. Il en est de même des expressions de la L. 4 : *si perturbatus possessionis status sit vel direptum aliquid, quae probantur ablata*.

(117) V. pour le surplus JAC. GOTHOFREDUS sur ce passage p. 454.

cas, à une action possessoire, comme le prouve l'insertion du passage sous le titre *unde vi.* Ce passage a été dénaturé dans la L. 6 p. du titre correspondant du Code de Justinien.

4. *Appréhension de la possession d'un absent.* Dans la L. 11 Cod. *unde vi* (8, 4) Justinien dispose que ceux *qui* VACUAM *possessionem absentium sine judiciali sententia detinuerint,* seront considérés comme *praedones* et qu'on doit observer à leur égard tout ce, qui dans le droit ancien, s'observait à l'égard des *praedones*, en ce qui concerne la restitution de la possession. Il s'agit là de l'int. *unde vi*, SAVIGNY lui-même ne le conteste pas. Mais on n'est pas d'accord sur le sens qu'il faut attribuer à VACUA *possessio.* Faut-il y voir avec SAVIGNY ([148]) (p. 444), une possession perdue par la seule absence du possesseur (La *possessio* de la L. 37 § 1 de usurp. (41, 3) *quae ex negligentia domini vacat*), ou s'agit-il d'une possession durant encore actuellement, bien qu'elle ne soit exercée ni par le possesseur même ni par un représentant; comme dans le cas où le fermier ou les esclaves se sont éloignés([149]). Je crois cette seconde opinion exacte. Celle de SAVIGNY prête à Justinien cette anomalie d'avoir créé une protection pour la possession abandonnée par le possesseur lui-même, ce qui ne se concilie nullement avec ce qu'il dit lui-même du droit antérieur. Celui-ci, dit-il, n'accordait aucune protection au possesseur, VIOLENTIA *in ablatam possessionem minime praecedente.* Or, dans un cas où la possession même faisait défaut, un jurisconsulte ancien n'aurait pas manqué de relever un motif aussi pertinent qui rendait impossible l'octroi de la protection possessoire, au lieu d'aller en chercher la raison dans la *vis* qui dans l'espèce faisait totalement défaut. Tel serait le cas de celui qui pour repousser une accusation de meurtre sur une personne

([148]) D'après BRUNS dans les *Annales* de BEKKER et MUTHER IV, p. 65, cette opinion est « aujourd'hui hors de doute. »

([149]) Dans ce cas, d'après la théorie des jurisconsultes romains, la possession continuait *provisoirement.* V. plus bas XIV.

déjà homicidée, alléguerait non pas que la victime fût déjà morte, mais que le coup qu'il a porté n'a pu occasionner la mort. Proclamer dans le cas ci-dessus que la *vis* étant reconnue impossible, il ne peut y avoir lieu à protection possessoire, c'est avouer implicitement l'existence de la possession.

A ces raisons, ajoutez l'excuse que Justinien met dans la bouche des occupants : *quod per ignorantiam rem alienam quasi propriam occupaverint*, alors que dans la supposition que la chose ne serait dans la possession de personne, ils auraient une justification toute autre et complètement légale, dans l'allégation de ce fait (150). Ces deux considérations établissent à toute évidence que dans la question soumise à la décision de l'Empereur, il s'agissait d'un rapport possessoire *existant* : et, aussi longtemps que l'on ne produira aucun témoignage en faveur de l'opinion contraire — je n'en connais pas un seul (151) — je soutiendrai avec Justinien que l'ancien droit, dans ce cas, n'accordait aucune protection possessoire, par la raison que la notion de la *vis* ne peut s'appliquer aux choses. Dans aucun des passages qui se

(150) L. 37 § 1 de usurp. (41, 3) *Fundi quoque alieni potest aliquis sine vi nancisci possessionem, quae vel ex negligentia domini vacet* etc. L. 4 § 28 ibid. *Item si occupaveris* VACUAM *possessionem, deinde venientem dominum prohibueris, non videberis vi possedisse*. Il y a plus, la L. 8 Cod. de omni agr. des. (11, 58) autorise même toute personne qui en a envie à cultiver les *agros domino cessante desertos*, c'est-à-dire les fonds incultes et par suite sortis de la possession du propriétaire (V. plus bas n° XIII). Justinien ne pouvait pas, sans commettre la plus grossière contradiction avec lui-même, exciter ici à un acte contre lequel il commine ailleurs des peines sévères. On ne peut non plus, concilier avec cette opinion la L. 4 Cod. de poss. (7, 32) qui reconnaît expressément qu'abstraction faite du cas de la *metus necessitas*, le long abandon des fonds tourne au *préjudice* du possesseur, c'est-à-dire entraîne la perte de la possession.

(151) BRUNS lui-même l. c. p. 70, qui partage l'opinion contraire, doit concéder que les passages que l'on y allègue, les L. 3 § 8, L. 7, L. 25 § 2 41,2, ne parlent « en réalité que de la perte de la possession » et non de a « recevabilité de l'interdit. »

rapportent à ce cas, on n'accorde l'interdit *unde vi* au possesseur dépouillé qui se résigne à supporter la soustraction après en avoir eu connaissance. Loin de là, pour accorder cet interdit, on suppose toujours que le possesseur se rend sur les lieux mêmes, allant ainsi au devant d'une résistance dirigée contre lui personnellement : c'est SAVIGNY lui-même qui a indiqué la « violence personnelle immédiate » comme condition de cet interdit. L'ancien droit n'accordait aucun secours possessoire à celui qui reculait devant cette démarche, parfois dangereuse, ou qui en était empêché par suite d'absence; à celui-là il ne restait alors que la revendication.

Mais ce n'est pas seulement sur le témoignage de Justinien que je fonde cette opinion : je la trouve encore clairement exprimée dans les termes dont se servent les jurisconsultes romains, par rapport aux deux cas de perte de la possession, dans les passages cités dans la note 161. Dans la L. 3 § 8, cit. le jurisconsulte parle du cas où le possesseur n'ose se montrer, par peur, et dit : *amisisse eum possessionem*, alors qu'il aurait suffi de deux lettres pour ajouter *vi*. Dans la L. 7 ibid., on retrouve la même expression : et ici surtout l'omission du mot *vi* est très-significative, car la L. 6 § 1 qui est avec ce passage dans une connexion intime, ajoute expressément le mot *vi* pour le cas *si revertentem dominum non admiserit (vi magis intelligi possidere, non clam)* et enfin la L. 25 § 2 ibid. désigne la manière dont a lieu dans le cas ci-dessus la perte de la possession par ces mots : ANIMO *desinamus possidere*. Comment concilier cette expression avec l'hypothèse d'une *dejectio*, dans laquelle on sait bien que la possession se perd *corpore* et non *animo*. J'ajouterai même, comment concilier cette hypothèse avec la théorie de SAVIGNY elle-même ? Il s'est placé, en méconnaissant le rapport dont il s'agit, sur un terrain glissant. Et en effet il se voit tout d'abord contraint (p. 403) de contredire, jusqu'à la détruire entièrement, la définition qu'il a lui-même donnée de la *vis*, comme condition de l'interdit *unde vi : une violence affectant directement la personne*. Si l'occupation arbitraire du fonds contient d'une manière absolue, soit que le possesseur se présente ou non, une violence immédiatement personnelle, quelle est l'espèce de violence qui ne mérite pas cette qualification. Pourquoi dès lors renforcer par l'ajoute : *immédiate*, la direction personnelle de la violence? On peut de cette manière faire d'un vol un brigandage! « Mais, dit SAVIGNY » (p. 406), il importe peu que la violence ait été réellement » exercée ou qu'une crainte fondée l'ait fait éviter, pourvu qu'il » y ait eu, non pas crainte d'un danger *à venir*, mais danger » *actuel et immédiat.* De même il est indifférent que le possesseur » ait été expulsé de sa maison ou qu'on l'ait seulement empêché » d'y entrer, » et cela admis, il proclame évident que « lorsque » la maison a été occupée pendant l'absence du possesseur, ce » dernier pourra, comme *dejectus*, invoquer l'interdit, quand » même il n'aurait fait aucun effort pour rentrer de force dans » sa possession. » En vérité si l'ouvrage qui enseigne pareille théorie ne portait en tête le nom de SAVIGNY, je douterais qu'il soit sorti de sa plume. Ainsi, lorsque je reçois avis qu'un tiers s'est mis en possession de ma maison, — avec la ferme intention, je le concède, de défendre la possession à main armée, — il y là pour moi, non un danger *à venir*, mais un danger *actuel et immédiat?* Si cela est vrai, je demande encore quel sera le danger à venir qui ne sera pas actuel et immédiat? Il n'y en a point, pas plus qu'il n'y a de *violence personnelle non immédiate.* Toute appréhension violente de la possession, en cas d'absence, contient donc et une violence personnelle contre moi, et un péril personnel immédiat pour moi. Mais comment savons-nous alors que l'occupant a réellement l'intention de soutenir sa possession, le cas échéant, par les armes? Une famille pauvre a pris ses quartiers d'hiver dans un pavillon, hangar, magasin ou hutte dépendant de mon jardin, ou bien l'acheteur d'un terrain s'est mis à cultiver par pure erreur, une parcelle de terre voisine qui m'appartient : quel est le péril qui me menace si je me porte en cet endroit pour défendre ma possession; « *facile expulsurus finibus, simulatque sciero* » comme dit le L. 18, § 3 de poss. (**41**, 2). Mais supposons que je sois un homme craintif à l'excès et que j'aie peur de le faire, ma peur ne supplée certes pas à la *vis* dans la personne de mon adversaire. Or, comment prouverai-je cette *vis*, si je ne lui donne pas la possibilité de se traduire en fait? Comment pourrais-je seulement prouver ma propre peur? Et cette preuve est cependant nécessaire, car « si je m'abstiens » pour un motif autre que la crainte de faire valoir ma posses- » sion, la possession de mon adversaire n'est point une *vitiosa* » *possessio*, car elle commence par ma propre volonté. » C'est SAVIGNY lui-même qui s'exprime ainsi (p. 321). Qui donc ne renoncerait pas entièrement à l'interdit *unde vi* plutôt que de s'exposer à devoir fournir deux preuves aussi impossibles l'une que l'autre : la preuve que mon adversaire aurait été jusqu'à m'opposer une résistance violente si j'étais apparu, et la preuve que le motif de mon abstention ne se trouvait point dans mes convenances, mais dans la peur d'être personnellement maltraité. L'interdit dans cette forme ne se meut pas dans le monde extérieur mais dans l'âme des deux parties et le juge qui aura à statuer devra avoir le don de lire dans les cœurs et de pressentir les pensées et les résolutions futures.

Les jurisconsultes romains évitaient ces difficultés en ne mentionnant pas d'interdit pour ce cas.

Il y avait là une lacune évidente. Justinien a sagement agi en la comblant, et en épargnant au possesseur la peine et le danger d'être expulsé personnellement. Et lorsque PUCHTA (Pandectes § 135, note C) appelle la voie suivie par l'empereur, *la voie de l'arbitraire*, à cause de l'absence des deux conditions essentielles : la violence soufferte et la perte de la possession, c'est un reproche qui l'atteint plutôt lui-même que l'Empereur. En effet, quant à cette dernière condition, PUCHTA oublie que la possession se perd lorsque le possesseur ne fait rien pour la conserver (XIII); et quant à la première, son opinion se réduit au fond à la prétention ingénue que les possesseurs exposeront leur vie, et verseront leur sang pour se procurer l'interdit, uniquement pour sauver la notion scolastique de la *vis*. On estime tout autrement, dans la vie, la valeur qu'il faut attacher aux biens dont il est ici question.

Je termine ici l'exposition du développement de l'interdit *unde vi* dans le droit nouveau. Peu importe qu'on le désigne comme une extension par analogie de cet interdit, ou bien par l'expression conforme aux sources, comme interdit ou action *momentariae possessionis*. Le nom ne fait rien à la chose. Je ne puis comprendre qu'on puisse ignorer ou combattre ce développement. Si SAVIGNY l'a néanmoins fait, et cela avec un succès tel qu'il n'en est même plus question chez la plupart de ses successeurs (152), il n'y a là qu'une preuve éclatante de la puissance des opinions préconçues, et de la fatale influence que peut exercer l'autorité d'un nom célèbre, même à notre époque si fière de son esprit critique. Une influence fatale, dis-je, car l'extension introduite par le droit nouveau, que l'on jette ainsi par dessus bord, est, à mon sens, un des rares progrès de la législation des dernières années de l'empire.

L'évolution qui s'y complète, est le passage de la forme de l'injustice, circonscrite à la simple *vis*, à l'idée de l'injustice pure, de la *quaecunque injusta causa amissionis*, comme il est dit à propos de l'*actio spolii*. La similitude entre cette action et le remède juridique dont nous nous occupons est frappante (153), et c'est précisement cette circonstance, qui suffit à le discréditer aux yeux de quelques auteurs, qui le recommande aux miens. En effet, il ne faut pas envisager de parti pris toute transformation de la théorie possessoire romaine, à une époque postérieure, comme une corruption et un travestissement résultant de malentendus et d'ignorance, comme une apostasie à l'unique et

(152) Tout au plus pourrait-on citer SINTENIS, *Gem. Civilrecht* II § 124, note 48, qui cherche à mettre en rapport l'*actio spolii* et l'*actio momentariae possessionis*, mais sans avoir une idée bien nette de cette dernière. V. BRINZ, *Pandectes*, I, p. 86.

(153) Elle est expressément reconnue même par les anciens jurisconsultes, par exemple CUJAS obs. XIX, 16 : *Generale interdictum restitutorium momentaneae possessionis, quod hodie beneficium redintegrandae possessionis vocamus*. PEREZ l. c. § 14.

salutaire évangile de la théorie possessoire romaine. Que l'on se pénètre au contraire de la conviction qu'une forme juridique qui ne se borne pas à paraître un moment, pour disparaître aussitôt après, mais qui subsiste pendant plusieurs siècles et se maintient énergiquement malgré toutes les oppositions, doit avoir vu le jour sous le coup d'une irrécusable nécessité pratique : et alors, dans cette circonstance que pareille forme a su s'imposer deux fois à des époques différentes bien éloignées l'une de l'autre, la seconde fois d'une manière toute indépendante de la première, on verra une épreuve éclatante de l'autorité et de la puissance que cette notion nouvelle portait en elle. Comment peut-on méconnaître cette autorité? Que l'on oublie, pour un moment, le soi-disant intérêt scientifique, qui n'est que trop porté à voir un péril pour lui-même dans les notions que nous avons héritées des juristes romains; que l'on se demande sans parti pris si l'on peut justifier d'une manière quelconque cette thèse, que dans les cas où la soustraction de la possession tombe sous la notion de la *vis*, la preuve de la simple possession suffirait, tandis que dans tous les autres cas il faudrait la preuve de la propriété. Si l'on reconnaît que la possession est un rapport qu'il faut protéger juridiquement, pourquoi s'arrêter à mi-chemin, et ne pas lui accorder une protection entière? Est-ce que par hasard cette demi-protection, que l'on ne peut se refuser à reconnaître dans l'ancien interdit *unde vi*, serait un avantage tellement considérable légué par le droit romain ancien, qu'il faudrait la maintenir à tout prix? N'est-ce pas plutôt une imperfection à laquelle ne s'attache une certaine autorité historique que parce que les jurisconsultes romains, liés par la formule de l'interdit, étaient impuissants, lorsqu'ils interprétaient ce dernier, de donner à la notion de la *vis* une extension qui l'aurait fait disparaître lui-même? Si la jurisprudence romaine n'a pas dépassé dans la possession, les notions de *vi*, *clam*, *precario*, je n'admets pas avec beaucoup d'auteurs que c'est parce que ces limites seraient tracées par la nature même de la possession : j'y vois uniquement le résultat de conditions historiques données, de la fixation traditionnelle des interdits possessoires en rapport avec les trois *vitia possessionis*. Si l'on réfléchit que cette triple notion a grandi avec le système entier, dans ses détails les plus intimes et les plus petits, qu'elle se reproduit dans toutes les formules, on comprendra aisément qu'on ne pouvait la renverser, à une époque où le système de procédure était encore en pleine vigueur, sans ébranler en même temps celui-ci dans toutes ses parties. Cet obstacle a disparu pour l'epoque impériale postérieure : si la jurisprudence a usé de cette liberté pour reculer les limites de la protection possessoire au-delà de la notion de la *vis*, pareil effort mérite plutôt l'approbation que le blâme. Je vais plus loin, et je n'hésite pas à soutenir que loin de se mettre ainsi en opposition avec l'idée de la possession telle qu'elle avait été conçue et exprimée par le droit antérieur, elle l'a au contraire délivrée d'une contradiction que cette notion portait en elle. En effet, je ne puis voir qu'une contradiction intime dans ce fait que l'héritier est traité, par rapport à la possession, avec plus de faveur que son auteur. J'ai mis en relief, plus haut, la fonction possessoire de l'*hereditatis petitio*; ce que j'en ai dit s'applique aussi aux interdits *adipiscendae possessionis* de l'héritier, c'est-à-dire à l'interdit *quorum bonorum*, *quod legatorum* et au *Remedium ex lege ult. Cod. de edicto Divi Hadriani tollendo*. Or, que l'on compare la position juridique que ces remèdes de droit font à l'héritier, avec celle que les interdits possessoires font au *de cujus*. L'héritier obtient des remèdes possessoires (154), contre toutes les personnes qui se sont approprié la possession des choses héréditaires : l'interdit *quod legatorum* contre celui qui se l'est appropriée en vertu d'un legs prétendu ou réel, l'*hereditatis petitio*, l'interdit *quorum bonorum* et le *remedium* susdit contre ceux qui se la sont appropriée en vertu d'un prétendu droit d'hérédité ou sans aucun droit. Le *de cujus* au contraire

(154) Je me suis expliqué plus haut p. 78 s. sur le droit qu'on a de leur donner ce nom.

n'est protégé que contre celui qui lui a *violemment* enlevé la possession. Que l'on n'objecte pas que ces remèdes juridiques des héritiers sont *adipiscendae possessionis*, tandis que ceux du *de cujus* sont *recuperandae possessionis*. L'*adipisci*, dans la personne de l'héritier, tend seulement à *recuperare* la possession du *de cujus*, et la réacquisition de possession qu'il a en vue, ne reçoit la forme de l'acquisition, que parceque, conformément à la théorie possessoire romaine, la possession cesse avec la mort du *de cujus*, et ne passe pas *ipso jure* à ses héritiers (125). Mais le fondement de sa prétention n'est autre que la possession précédente du *de cujus*; c'est cette possession et non la propriété, qui forme l'objet de la preuve. Mais si le *de cujus* lui-même ou l'héritier, après avoir déjà pris possession, vient à se trouver en position de réclamer la restitution de la possession qui lui a été injustement enlevée, cette facilité de preuve ne lui sera accordée que dans le seul cas où la soustraction de la possession de la part de l'adversaire peut être rangée sous le point de vue de la *vis!* Supposons, par exemple, un légataire véritable ou supposé qui s'approprie la possession de la chose, p. ex. en se faisant livrer le fonds légué, par le fermier, *avant* que l'héritier n'ait pris possession de la masse : dans ce cas, ce dernier pourra le forcer, au moyen de l'interdit *quod legatorum*, à restituer la possession, car les termes généraux de cet interdit s'appliquent à ce cas, *quod quis legatorum nomine non ex voluntate heredis occupavit*. (L. 1, § 2, quod. leg. **43.** 3). Que ce fait se présente du vivant du testateur, ou après que l'héritier s'est mis en possession, l'un et l'autre sont obligés d'agir au pétitoire, à moins qu'ils ne puissent alléguer une violence dans le chef de leur adversaire. Quelle contradiction! Faut-il donc que l'homme

(125) Il en est de même de l'interdit *adipiscendae possessionis* dont fait mention la L. 2, § 3 de interd. (**43.** 1.) : *quo itinere venditor usus est, quominus emtor utatur, vim fieri veto*. V. aussi la L. 1, § 37 de aqua (**43.** 20).

meure pour que l'idée de la protection possessoire soit pleinement reconnue en droit; faut-il que la possession, et avec elle, la possibilité d'en limiter la protection à la condition de *vis*, cesse, pour que le principe ci-dessus : *quod quis non ex voluntate (ejus, ad quem res pertinet) occupavit, restituat* devienne efficace? Si cela est vrai, la possession *passée* est plus efficace que la possession *actuelle*, sa *cessation* est un *avantage*, sa *continuation* une *charge!* Il faut mourir pour pouvoir prétendre à la plénitude de la protection possessoire! Cela fait penser à ce poste de gens de police qui faisaient entrer dans une salle d'attente les gens munis d'un passeport, afin de l'examiner, et qui laissaient passer librement ceux qui n'en avaient pas!

Et une aussi criante disproportion entre les effets de la possession passée et de la possession actuelle serait suggérée par l'idée de la possession? Je puis accorder qu'elle se trouvait dans le droit romain ancien. Si les jurisconsultes romains ne s'y sont point opposés, ce n'est pas parce qu'ils ne le *voulaient pas*, mais parce qu'ils ne le *pouvaient* pas, ainsi que nous l'avons déjà souvent fait remarquer. Mais notre science moderne, qui, par le développement indiqué plus haut des remèdes possessoires, à l'époque impériale postérieure, a conquis la liberté nécessaire pour s'émanciper de ces obstacles historiques, pêche contre elle-même, et contre la vie pratique, lorsqu'elle se soumet aux chaînes antiques, par une aveugle adhésion à la théorie des jurisconsultes romains, et lorsque au lieu de reconnaître ces chaînes pour ce qu'elles sont, et de se réjouir de ce qu'elles soient tombées, elle emploie tout ce qu'elle a de sagacité pour les justifier et les représenter comme nécessaires. Nous lui opposons cette simple proposition : la possession, une fois reconnue comme rapport juridique, exige non une demie, mais une *entière* protection; pour l'intérêt et le droit de la possession, il doit être tout-à-fait indifférent qu'elle ait été lésée de telle ou de telle manière, par violence ou autrement, et la même généralité de protection qui est réalisée dans l'int. *retinendae possessionis*, en ce qui concerne la reconnaissance et le maintien de la possession, doit aussi être réclamée pour l'interdit *recuperandae possessionis*. C'est de cette manière seulement que la théorie de la possession obtient une solution harmonique, et qu'elle devient ce qu'elle doit être et ce qu'elle est : un boulevard servant au propriétaire, contre tous ceux qui envahissent immédiatement l'extériorité de son droit.

Le cas de l'*hereditatis petitio*, dont nous nous sommes occupés jusqu'ici, n'était pas le seul dans lequel le droit ancien lui-même se dégageait des trois conditions traditionnelles des interdits possessoires : *vi, clam aut precario*, pour étendre la notion des vices de la possession d'une manière tout-à-fait générale. Il y avait un autre rapport dans lequel se remarque le même phénomène : la possession de la liberté de la part d'un esclave. La formule ne disait pas : *vi, clam, precario*, mais : *sine* DOLO MALO *in possessionem libertatis fuisse*, point de vue qui est aussi général que le PRO POSSESSORE *possidere* de l'*hered. pet.* [136].

Il nous reste à déterminer d'une manière plus précise, et à formuler le principe de la protection récupératoire de la possession, tel qu'il a été réalisé dans les décisions isolées, citées plus haut, de l'époque impériale postérieure. Les trois motifs spéciaux connus de l'ancien droit : *vi, clam, precario*, se sont élargis dans la notion générale de l'*injusta possessio*, qui fait la base de la possession du *pro possessore possidens*, dans la pétition d'hérédité et de l'*actio spolii* du moyen-âge (*quaecunque injusta causa amissionis possessionis*). L'on peut employer ici exactement la même formule, que celle dont se servait le Préteur dans l'interdit *quod legatorum : quod quis non ex voluntate (actoris) occupavit*, — *Appréhension de la possession contre la volonté du possesseur*. Sous ce point de vue tombent tous les cas ci-dessus : l'erreur tant de l'occupant que du précédent possesseur (en tant qu'il s'agisse de *soustraction* unilatérale de la possession, et non de *transmission* de la possession occasionnée par erreur), la prise

[136] V. à ce propros la L. 7 § 5, L. 10, 11, 12 de lib. causa (40, 12),

subreptice de possession par suite de collusion avec le représentant ou au moyen d'un ordre judiciaire illégal, l'appropriation des fonds appartenant à des absents. Sont exclus au contraire, tous les cas de perte de la possession qui s'appuient sur la tradition de la part du possesseur, peu importe que celle-ci ait été effectuée de manière à pouvoir être attaquée par d'autres remèdes juridiques, par exemple par contrainte ou par dol. Les limites peuvent certainement être douteuses dans des cas particuliers, principalement dans le cas de la contrainte. Y a-t-il *metus* ou *vis* lorsque quelqu'un nous oblige, par des menaces de voies de fait, à délaisser la possession de notre maison? Dans le premier cas, il y aurait lieu de recourir à l'action *quod metus causa*, dans le second à l'interdit *unde vi*. L'intérêt de la distinction est assez important, comme on le sait, car la première action permet d'opposer des exceptions pétitoires([157]), la seconde n'accorde pas cette faculté. Au point de vue de la procédure, l'interdit *unde vi* atteindrait le but dans la plupart des cas, car pour prouver la *vis* il suffit parfaitement de menaces et de voies de fait, comme elles se présentent dans les deux cas ici([158]), et ce serait alors au défendeur à fournir la preuve qu'il y a eu effectivement tradition. Il en serait de même de la dépossession opérée au moyen d'une décision judiciaire illégale (p. 105); ici encore *vis* et *metus* se fondent ensemble, mais ici non plus on ne peut contester l'admissibilité de l'int. *unde vi* contre l'envoyé en possession, lorsque l'implorant a prévenu les actes de violence par un délaissement volontaire.

La protection récupératoire de l'époque impériale n'est point limitée aux cas de délit, c'est-à-dire à la présomption d'une faute dans le chef du défendeur. Celui qui, persuadé de son

([157]) V. par exemple la L. 12 § 2 *quod met.* (**43**, 16).

([158]) Aussi trouve-t-on l'expression *vis* employée pour l'act. *quod metus causa*, aussi bien que l'expression *metus* pour l'interdit *unde vi*. V. par exemple L. 3. L. 14 § 2 quod met. (**4**, 2) et L. 1 § 29 de vi (**43**, 16).

bon droit, a obtenu du tuteur la délivrance des choses qui se trouvaient dans la possession du mineur, n'est point en faute ([159]), non plus que celui qui dans l'ignorance des limites de son terrain, s'est mis à cultiver une parcelle de terre de son voisin ([160]). D'après des principes généraux bien connus, on ne peut leur imposer l'obligation de réparer tout le dommage, exprimée dans l'interdit *unde vi*, comme on ne peut l'imposer à l'héritier de celui qui s'est rendu coupable d'une violence effective; cette obligation présume l'existence d'une faute. Là où cette dernière manque, l'obligation se réduit à la restitution de ce que le défendeur détient encore. La nécessité de la faute ne se borne pas au cas de violence, il est à peine besoin de le remarquer; celui qui s'empare sciemment du fonds d'un absent ne commet aucune violence, (p. 107 s.) ce qui n'empêche que d'après la L. 11, Cod. h. t. il est considéré comme *praedo*, et que toutes les dispositions de l'ancien droit portées en haine de ces derniers, doivent lui être appliquées.

Je laisse au lecteur, affranchi de parti pris, le soin de juger si la théorie que je viens de développer, et qui, au fond, reproduit entièrement l'ancienne doctrine de Cujas sur le *generale restitutorium interdictum*, avec le seul mérite de l'avoir motivée d'une manière plus soigneuse, mérite le reproche que lui fait Savigny (p. 441), que d'après elle « la nouvelle théorie des actions posses- » soires serait tout aussi vague et arbitraire, que la théorie » ancienne était précise et conséquente en elle-même. » — Vague, elle ne l'est ni plus ni moins que la théorie de la pétition d'hérédité et des interdits possessoires de l'héritier dont nous avons parlé : elle n'a d'autre but que de donner à la protection posses-

([159]) La L. 7 § 1 Code unde vi (8, 4) ne s'applique pas seulement au cas de la collusion, cela résulte des mots : *habito* PLERUMQUE *colludio*.

([160]) La L. 11 Cod. h. t. n'est évidemment pas contraire. Justinien a en vue non point ceux qui occupent le terrain d'autrui par erreur, mais ceux qui l'occupent sciemment et qui se servent de l'erreur comme de prétexte.

soire des *vivants* la même extension que ces remèdes juridiques contenaient pour le cas de mort, et je ne sache pas que quelqu'un jusqu'ici se soit plaint du caractère vague de ces derniers. La notion de *pro possessore possidere* est plus *large* que celle de *vi possidere;* mais *large* et *vague* ne sont point la même chose. Je trouve l'idée développée jusqu'ici, c'est-à-dire l'appropriation de la possession *sans* ou *contre* la volonté du possesseur, infiniment plus précise que l'idée de la violence développée par SAVIGNY, lorsqu'on voit qu'après l'avoir définie une *violence affectant directement la personne* (p. 403), il la rend, trois pages plus loin (406) assez élastique pour admettre un cas où l'on ne trouve plus aucune trace de violence personnelle (V. plus haut p. 110). Quant au reproche d'arbitraire que SAVIGNY élève contre notre théorie, il est tout aussi peu fondé. Tout homme qui ne part pas de l'idée fixe que le monde ne peut s'écarter de l'interdit *unde vi* du Préteur romain, qu'au contraire l'édit prétorien doit rester éternellement la règle à laquelle doivent se soumettre la pensée et le mouvement juridiques, tout homme, dis-je, qui ne part pas de cette idée fixe, ne verra dans l'émancipation de la protection récupératoire de la condition de violence, qu'un précieux progrès justifié par les intérêts de la vie pratique et par l'idée de la protection possessoire; il ne verra au contraire l'arbitraire que dans la restriction de cette protection à l'étroite condition de la violence. En effet, si la possession doit être protégée, pourquoi ne devrait-elle l'être que contre la violence? Qu'importe au possesseur la manière dont son adversaire le prive de la possession? Le centre de gravité de la possession réside, je crois, dans le possesseur lui-même et non dans son adversaire! Mais si l'on retourne cette proposition, si l'on prend à rebours le rapport naturel, comme le fait la théorie de SAVIGNY, alors on comprend que ce qui est naturel ne le paraisse plus, et vice versa. Le même SAVIGNY qui rejette avec dédain l'opinion que nous avons développée, comme une inconcevable corruption de la théorie possessoire romaine, étire et tord, comme nous l'avons vu ailleurs, la notion de violence, à tel point qu'il anéantit sa propre définition : et il ne trouve rien à reprocher à Justinien d'avoir, dans la L. 11 Cod. *unde vi*, accordé l'interdit *unde vi*, dans le cas d'une possession déjà *antérieurement perdue*. Un *remède possessoire* sans *possession!* En présence de cette énormité qui sacrifie l'idée fondamentale de toute la possession, et protège la possession là où elle n'existe pas, notre thèse du développement de l'interdit *unde vi* dans le droit postérieur, n'a certes aucun motif de se préoccuper du reproche d'*arbitraire*.

Il nous reste enfin à examiner si le résultat que nous avons obtenu se rapporte seulement aux choses immobilières ou s'il comprend aussi les choses mobilières. S'il était exact de dire avec Savigny, que l'int. *unde vi* aurait été étendu tacitement aux choses mobilières, ce qui résulterait de ce que l'on a placé sous le titre *unde vi*, la L. 7 Cod. *unde vi* (8, 4) de Valentinien, sur les peines de la défense privée, laquelle s'applique aux deux catégories de choses, si cela était exact, l'extension de la protection possessoire que nous avons démontrée, devrait être appliquée aux choses mobilières. Je considère cette assertion, avec presque tous les autres jurisconsultes, comme insoutenable ([161]). D'autre part cependant, le besoin de cette extension de la protection me semble aussi urgent pour les choses mobilières que pour les choses immobilières. Avec quelle facilité une chose mobilière ne peut-elle pas tomber injustement dans la possession d'autrui, sans que l'on rencontre la condition d'une *vitiosa possessio*, dans le sens technique des jurisconsultes romains! Des pigeons étrangers sont volés dans mon colombier, un chien étranger m'a suivi, un parapluie appartenant à autrui est resté oublié chez moi, un paquet destiné à un autre a été délivré par erreur chez moi : dans tous ces cas, je ne me suis approprié la possession ni *vi* ni *clam*. Si telle était donc la condition de la protection possessoire

([161]) Les objections importantes qui y ont été opposées de différents côtés (en dernier lieu par Bruns l. c. p. 74-77), n'ont été rencontrées ni par Savigny lui-même (p. 413 ss.), ni par Rudorff (p. 725).

pour mon adversaire, elle lui manquerait dans ces cas. L'ancien droit avait pour ces cas l'interdit *utrubi*, mais depuis que cet interdit a été assimilé à l'interdit *uti possidetis*, ce moyen fait défaut. Pourra-t-on suppléer à son absence par d'autres actions? Difficilement! Les *actiones delicti* du chef d'appropriation injuste de choses d'autrui *(cond. furt., act. furti. act. vi bon. rapt.)* ne suffisent pas; la rétention de la chose d'autrui ne tombe pas toujours sous la notion du *furtum*. Que l'on réfléchisse p. ex. au cas suivant : mon adversaire me raconte lui-même que mon chien l'a suivi, mais il refuse, sous un prétexte quelconque, de le rendre, p. ex. du chef d'une prétention noxale, ou parce qu'il prétend en être lui-même propriétaire. Il est très douteux également que *l'act. ad exibendum* puisse conduire au but dans un cas pareil, car elle n'offre pas l'avantage désisif des actions possessoires, de laisser hors de question et l'intérêt du demandeur et le droit du défendeur (162). J'éprouve les mêmes doutes à l'égard de la *condictio possessionis* qu'invoque Bruns (l. c. p. 75). Il est bien vrai, que, comme toute *condictio*, la *condictio ob injustam causam* ou *sine causa* peut être appuyée sur la *possession*, au lieu de l'être sur la propriété (163), et que la notion de l'*injusta causa* ou du manque complet de cause *(sine causa)* peut s'appliquer aussi aux cas de rétention injuste ou sans fondement de la chose. Mais dans cette action non plus, on ne peut refuser au défendeur, ni l'exception du défaut d'intérêt de la part du demandeur, p. ex. lorsqu'il a lui-même volé la chose (p. 15, 48) (164), ni l'exception de la propriété dans son propre chef, et de cette manière, encore une fois, un avantage

(162) L. 3, § 11 ad exh. **10. 4.**)... *alioquin et fur et raptor (ad exhibendum agere) poterit, quod nequaquam verum est.* L. 31, § 1 Dep. (**16. 3.**)... *non est ex fide bona rem suam dominum praedoni restituere compelli.*

(163) L. 1, § 1, L. 2. de cond. trit. (**13. 3.**). L. 25, § 1. de furt. (**47. 2.**).

(164) Je ne puis comprendre de quelle manière Rudorff (Savigny p. 784) veut appuyer l'opinion contraire sur la L. 1, § 1. L. 2. de cond. trit. (**13. 3**) L. 13, § 1 dep. (**16. 3.**) L. 25, § 1 de furt. (**47. 2.**).

principal des remèdes possessoires vient à tomber : le défendeur a occasion de traîner les choses en longueur, en opposant des exceptions dépourvues de tout fondement, qui ne seraient pas recevables dans une instance possessoire. Le besoin de venir au secours du possesseur, par des remèdes possessoires garde donc toute son importance.

Notre pratique a depuis longtemps reconnu ce besoin, et elle a cherché un remède dans l'*actio spolii*, qu'elle a étendue à tous les cas d'appropriation illégitime de la possession([165]), et les nouvelles législations l'ont suivie ([166]). Il est vrai que, dans notre siècle, l'*actio spolii* est tombée en discrédit, à la suite de la condamnation prononcée contre elle par SAVIGNY, au point de vue de sa théorie du droit romain, et il peut paraître téméraire d'essayer de la réhabiliter. Je n'hésite pas néanmoins à exprimer ma conviction que l'extension de la protection possessoire, effectuée au moyen de cette action, à tous les cas de perte de la possession, sans ou contre la volonté du possesseur, était une pensée éminemment saine et pratique : infiniment plus saine que cette pruderie doctrinaire qui veut maintenir à tout prix la théorie des jurisconsultes romains, sans réfléchir que la disparition de l'interdit *utrubi* dans sa forme originaire, a produit une lacune dans le droit romain lui-même, lacune qui ne peut rester ouverte sans compromettre les intérêts les plus importants de la vie. Pour les choses mobilières, la protection de la propriété ne repose dans la plupart des cas que sur la possession; le refus de la protection possessoire équivaut souvent à la perte de la propriété (p. 44 s.). Il serait difficile de ne pas être d'accord sur la manière malheureuse dont la protection possessoire est organisée pour les choses mobilières, dans la théorie dominante. On l'accorde là où elle est superflue, on la refuse là où elle est nécessaire. L'interdit *utrubi* sert,

([165]) V. dans BRUNS § 44. 45. le résultat de ce développement.

([166]) Spécialement le droit prussien, BRUNS, p. 441, 442.

d'après SAVIGNY, à protéger une possession troublée, mais subsistant encore, contre des troubles ultérieurs. Je voudrais bien savoir quand et où il a jamais été appliqué! Serait-ce contre le voleur ou le brigand qui ont fait une tentative avortée pour s'approprier notre chose? L'unique cas possible de son application est celui de la *controversia de possessione* (p. 84) et il faut, dans ce cas, d'après la théorie de SAVIGNY, l'existence d'un trouble antérieur. Restent les cas de soustraction violente ou clandestine de la possession, auxquels SAVIGNY remédie par l'interdit *unde vi* et les actions *delicti*, tandis que la nouvelle théorie, qui sait donner à l'interdit *retinendae possessionis* une fonction récupératoire, au moyen d'une application conséquente du point de vue de la duplicité, substitue au premier l'interdit *utrubi*, et lui assure ainsi, au moins une certaine utilité pratique. Mais elle aussi, en maintenant dans ce cas la condition de la possession vicieuse dans le sens de la théorie romaine, restreint cet interdit à des cas où il n'a pas de valeur particulière, à cause de la concurrence des actions *delicti*, et le refuse dans les cas où, précisément à cause de l'inadmissibilité de ces dernières, il serait doublement nécessaire.

BRUNS[167], a tenté dernièrement de combler cette lacune, et de chercher le fondement de l'*actio spolii* [168], telle que nous la considérons ici, dans le droit de Justinien. Il croit pouvoir le trouver dans la L. 11 Cod. *unde vi* (8, 4) (p. 100), qu'il rapporte, avec SAVIGNY, à une possession perdue, et dans laquelle il voit la preuve, « que les Romains eux-mêmes, considéraient comme » compatible avec l'essence d'une action possessoire, voire de » l'interdit *unde vi*, qu'on pût l'intenter même pour une posses- » sion perdue sans la faute d'autrui, et occupée par un tiers

(167) *Jahrbuch des gemeinen deutschen Rechts*, BEKKER et MUTHER, IV, p. 65.

(168) Il en avait déjà reconnu l'importance théorique dans son ouvrage sur la possession p. 503.

» après cette perte. » Bien que Justinien, dans cette loi, n'ait eu en vue que les choses immobilières, cependant le principe de la loi, aussi bien que ses termes, s'appliquent aux meubles comme aux immeubles, et « il résulte de là, que l'admission des actions » possessoires, en cas de perte de la possession sans violence » étrangère, n'excède en aucune manière l'essence des actions » possessoires, d'après l'idée du droit romain postérieur, mais » doit elle-même être considérée comme un principe du droit » romain. »

Bien que je ne puisse me rallier à ces motifs (V. plus haut p. 108 s.), je ne puis que désirer voir la pratique adopter de nouveau, pour les choses mobilières, l'*actio spolii*, qui a pour elle l'expérience et la jurisprudence d'un demi siècle. Comme, d'après les recherches que j'ai faites plus haut, cela a été pleinement effectué en droit nouveau, par rapport aux choses immobilières, au moyen de la transformation de l'interdit *unde vi*, il ne reste plus qu'à trouver un point de vue qui permette d'appliquer aux choses mobilières, le progrès que ce développement a réalisé pour les choses immobilières. Si la législation postérieure l'avait trouvé opportun, pourquoi, demandera-t-on, ne l'aurait-elle pas fait elle-même? Voici ma réponse :

Pour les choses mobilières on avait encore à cette époque l'interdit *utrubi* dans sa forme antique ([169]), qui accordait au possesseur protection contre toute perte de possession, pourvu qu'elle fût proposée en justice en temps opportun. Les choses mobilières jouissaient ainsi d'une bien plus grande protection que les choses immobilières, et le développement entier de l'interdit *unde vi* n'avait, on peut le dire, d'autre but que de racheter cet avantage. Or, l'assimilation (pour moi toujours restée énigmatique) des interdits *utrubi* et *uti possidetis* a-t-elle complètement renversé ce rapport? Justinien ne s'est pas exprimé sur ce point, mais j'ai peine à le croire.

([169]) V. par exemple la L. 1 Cod. Theod. Utrubi (4, 23) de l'an 400.

On pourrait peut-être s'y prendre de la manière suivante pour rendre aux choses mobilières le terrain qu'elles ont perdu en apparence. D'après de nouvelles investigations, le *possessor justus* peut actionner le *possessor injustus* en restitution de la possession, au moyen d'un interdit récupératoire, et aussi au moyen de l'interdit *retinendae possessionis*(170). Mais, comme nous l'avons démontré plus haut, l'extension de la notion de la violence, remplacée par celle de *possessio injusta* dans un sens tout-à-fait abstrait, doit recevoir son application aussi bien pour l'interdit *uti poss.* que pour l'interdit *unde vi*, et comme il faut appliquer à l'interdit *utrubi* les même règles qu'à ce dernier, il faut dès lors aussi les appliquer à l'interdit *uti possidetis*. L'idée de la protection de la possession contre toute soustraction injuste, telle qu'elle s'est réalisée dans le dernier développement de l'interdit *unde vi*, est une idée tout-à-fait générale. Pour la restreindre aux choses immobilières, on ne peut invoquer d'autre motif que sa relation historique avec l'interdit *unde vi*. — Cette restriction s'explique suffisamment par la protection possessoire amplement suffisante dont jouissaient alors les choses mobilières et l'on peut la considérer comme abandonnée pour les interdits *retinendae possessionis*, à la suite de la complète assimilation des choses mobilières et immobilieres effectuée dans le droit de Justinien.

En somme, voici le résultat auquel nous sommes arrivés : dans le droit moderne on reconnaît, comme règle s'appliquant aussi bien aux meubles qu'aux immeubles, et cela en vertu des principes du droit de Justinien, que le possesseur peut prétendre à la protection possessoire contre toute appropriation de la possession, de la part d'un tiers, que l'on ne peut faire remonter

(170) Si cela est vrai pour le cas où le défendeur possède encore, cela doit être aussi vrai pour le cas où il a abandonné la possession : la thèse contraire (on l'oublie souvent) est en contradiction avec le principe connu : *dolus pro possessione est*.

jusqu'à sa *propre* volonté (comme dans le cas de *dolus* ou de *metus*); les circonstances particulières de cette appropriation : la violence, la clandestinité, l'erreur, le dol ou la faute d'un tiers sont tout-à-fait indifférentes, le demandeur n'a rien d'autre à prouver que sa possession jusqu'à ce moment, et la manière dont elle a passé au défendeur.

IX

L'IDÉE DE LA PROPRIÉTÉ DANS LA THÉORIE DU DROIT DE POSSESSION

1. *Corrélation extensive de la possession et de la propriété.*

Le but des chapitres suivants (IX-XIII) de ce traité, est de prouver que le motif développé jusqu'ici, de la protection possessoire, a déterminé toute la disposition de la théorie de la possession, c'est-à-dire que le rapport de la possession avec la propriété, a été le point de vue qui a guidé les jurisconsultes romains lorqu'ils ont tracé la théorie possessoire. Les déductions qui suivent vont en apparence bien au-delà de mon sujet; mais en réalité, elles ne contiennent que le complément et la preuve de l'idée fondamentale de tout mon travail. Si la possession, telle que je la conçois, n'est en elle-même qu'un rapport dépourvu d'importance juridique, qui ne reçoit que le reflet de l'importance juridique de la propriété, le rapport entre la possession et la propriété, tel que l'entend la théorie dominante, se retourne tout entier. En effet, tandis que cette théorie part de la possession et arrive de là à la protection possessoire comme à une conséquence, tandis qu'elle cherche les conditions de la possession dans l'examen du rapport de fait avec les choses, que nous appelons possession dans la vie commune, le chemin que je suis a une direction tout-à-fait opposée.

Partant de la propriété, j'arrive d'abord à la protection possessoire, ensuite seulement à la possession. Pour moi donc, la théorie des conditions de la possession n'est point fournie par la possession même, mais elle est exclusivement déterminée par le but pratique de la protection possessoire. Quelle que soit la possession, qu'elle existe ou qu'elle manque selon l'idée qu'on s'en fait dans le cours ordinaire de la vie, je n'ai point à m'en préoccuper, devant les considérations qui découlent de ce but pratique.

La complète indépendance de la protection possessoire vis-à-vis de l'existence naturelle de la possession, c'est-à-dire la circonstance qu'une possession peut exister dans le sens du cours ordinaire de la vie sans être reconnue, c'est-à-dire protégée comme telle, par le droit, et à l'inverse, la circonstance que la protection possessoire est accordée là où manque la possession dans ce sens, n'a rien de surprenant d'après ma théorie, qui fait dépendre la question de la protection, non de la définition de la possession, mais de l'intérêt de la propriété; tandis que la même circonstance présente une véritable énigme dans plusieurs de ses applications, selon la théorie de SAVIGNY. Si l'on doit chercher dans la possession même le motif, le fondement de sa protection, comment arrive-t-il que le droit refuse cette dernière dans des cas où la possession prise dans ce sens existe, et l'accorde où la possession manque?

Nous allons maintenant montrer à un double point de vue l'influence décisive qu'a exercée l'idée de la propriété sur la formation de la théorie de la possession.

1. Par rapport au champ d'application de la notion possessoire, — *les limites de la possibilité pour la propriété sont aussi celles de la possession; possession et propriété sont parfaitement parallèles.*

2. Par rapport aux conditions *internes* de la notion possessoire, c'est-à-dire à la question de l'existence et des conditions de naissance et de continuation de la possession, — le point de vue dirigeant dans la formation de cette théorie a été : *l'imitation de la propriété dans sa manifestation extérieure normale; la possession est l'extériorité, la visibilité de la propriété.*

Pour établir la corrélation *extensive* de la propriété et de la possession il faut deux conditions :

a. La preuve que la possession ne va pas au-delà de la propriété, — *là où il n'y a point de propriété, il n'y a point non plus de possession*.

b. La preuve qu'elle s'étend précisément aussi loin que la propriété — *là où il peut y avoir propriété, il peut aussi y avoir possession*.

a. *Où il n'y a point de propriété, il ne peut non plus y avoir de possession.*

Là où l'on ne peut concevoir la propriété, soit parce que la chose n'en peut être l'objet, soit parce que la personne n'en peut être le sujet, le droit se contredirait lui-même s'il voulait protéger provisoirement le rapport extérieur de la personne avec la chose, comme propriété de fait. Ce qui n'est pas possible, ne peut exister en fait. Aussi le droit romain exclut-il la possession, lorsque la capacité subjective ou objective fait défaut, à cause de cet obstacle qui se trouve dans la personne ou dans la chose.

Nous avons déjà souvent remarqué, dans la critique des diverses théories possessoires, que cette proposition du droit romain ne peut en aucune façon se concilier avec celles de ces théories qui n'appuient pas la possession sur la propriété (171). Qu'importe la capacité de la personne ou de la chose, s'il ne s'agit que de savoir si l'ordre juridique ou la personnalité ont été troublés par un acte de violence, ou si la volonté a été outragée par la cessation du rapport de fait? Je ne me souviens pas d'avoir trouvé une réponse satisfaisante à cette objection, chez aucun des auteurs ou des défenseurs de ces théories.

(171) Il en est autrement dans la théorie de Hufeland, l. c. p. 73, 83 et de Thibaut § 210 (V. plus haut p. 20).

SAVIGNY se borne à affirmer simplement que les cas d'incapacité possessoire objective et subjective « sont la conséquence immé» diate de la notion de la possession (p. 107), » mais il n'ajoute pas un seul mot pour motiver cette assertion : tout ce qu'il dit, c'est que les *res extra commercium* ne pouvaient être possédées (p. 107), qu'il est très naturel que les esclaves soient incapables de toute possession juridique, puisqu'ils n'ont aucun *droit* quelconque (p. 110), et que l'incapacité des fils de famille résulte de la règle générale d'après laquelle ils ne peuvent avoir de *droits patrimoniaux* quelconques (p. 109). Il ne m'a pas été donné de découvrir où SAVIGNY a puisé le droit de dire que cela est *très naturel*. Et, en effet, qu'est-ce que la capacité d'avoir des droits patrimoniaux a de commun avec la notion de la possession d'après SAVIGNY? La possession n'est pas pour lui un droit patrimonial, elle n'est que le théâtre où s'accomplit un tort quelconque, dirigé contre la personne, et il est bien indifférent que ce théâtre soit un *locus publicus* ou *privatus* (p. 13).

Il sera peut-être utile d'examiner d'un peu plus près la position du fils de famille sous le rapport de la possession, aussi bien passivement qu'activement, c'est-à-dire aussi bien comme objet que comme sujet de la possession. Le rapport de fait du père avec le fils de famille ne peut être considéré comme possession : la L. 1 § 8 de poss. (**41**, 2) le déclare expressément. Ce n'est là du reste qu'une application de cette règle générale, que les personnes libres ne sauraient être possédées. A mon point de vue, cela s'explique très facilement, car le pouvoir juridique sur le fils de famille n'est point, comme celui sur l'esclave, envisagé comme propriété, mais comme *patria potestas*, et avec la possibilité de la *reivindicatio* (172), tombe naturellement aussi celle des interdits possessoires. J'attends mes adversaires à l'explication de cette règle. Le fils de famille est-il moins sous *la puissance* du père, — et la possession d'après eux est bien une

(172) L. 1, § 2 D. de R. V. (6. 1.).

puissance, — que l'esclave sous la puissance de son maître? Non certes, du moins *en fait!* Si le maître conserve la possession de l'esclave qui s'est enfui, alors cependant que sa puissance s'est réduite à rien, on aurait bien pu, je pense la lui accorder aussi sur le fils soumis à sa domination. Si l'on réfléchit au caractère juridique de cette puissance, le domaine juridique sur le fils, eu égard à son idée originaire, était, comme on sait, identique à celui du maître sur l'esclave; il était une *potestas* aussi bien que ce dernier, et l'affaiblissement qu'il a reçu dans le cours du temps ne lui a pas enlevé ce caractère. La *potestas* sur l'esclave a également été tempérée dans le droit nouveau, et cependant, après comme avant, on n'a jamais hésité à en considérer l'existence comme une possession. Au point de vue de la théorie du délit et de la volonté, on ne peut absolument pas comprendre pourquoi les Romains n'auraient pas vu dans la rétention d'un fils de famille un trouble à l'ordre public, ou une lésion de la volonté du père de famille, aussi bien que dans la rétention d'un esclave.

Mais le simple pouvoir physique sur un homme n'est pas la possession, sinon l'homme libre que j'ai enchaîné devrait se trouvrer en ma possession [173]; en effet, il est indifférent que ce soit un animal ou un homme que j'ai enchaîné, en ce qui concerne la dépendance *de fait* de l'un comme de l'autre, de ma volonté. L'adjonction même de l'élément *juridique* ne donne pas encore à ce pouvoir le caractère de la possession. Le pouvoir physique sur les objets animés ou inanimés ne revêt le caractère de possession que *lorsque le pouvoir juridique qui y correspond est la propriété.*

Occupons-nous maintenant de l'incapacité possessoire active du fils de famille. Elle aussi ne peut recevoir une explication satisfaisante qu'au point de vue de notre opinion [174]. Le fils de

[173] V. en sens contraire L. 23 § 2 de poss. (**41**, 2).

[174] V. plus haut p. 14. Je saisis cette occasion pour citer la L. 38 § 6

famille ne peut rien posséder, en tant, et parce qu'il ne peut rien avoir en propre; à quoi lui servirait, en effet, le remède protecteur de la propriété, si la propriété ne peut se concevoir dans sa personne? C'est précisément pour ce motif, qu'à l'inverse, le *filiusfamilias miles* est capable de posséder, en ce qui concerne son *peculium castrense* (175). Il faut donc, pour être conséquent, appliquer, en droit moderne, la règle inverse à tous les enfants, depuis que cet empêchement a été éliminé, au moyen du développement du patrimoine séparé des fils de famille, — conséquence que la glose a déjà reconnue, et à laquelle SAVIGNY aussi (p. 110) se rallie. Ici encore on a tenté de trouver un autre motif. Il n'en reste plus qu'un que l'on puisse admettre, c'est que le rapport personnel de dépendance dans lequel la puissance paternelle place le fils de famille, exclut la possibilité de la volonté de posséder. Mais le cas du *filiusfamilias miles* démontre combien peu le rapport de dépendance s'oppose à la volonté de posséder et à la possession. En fait comme en droit, il n'y a, quant à la *potestas*, aucune différence entre lui et le *filius familias paganus*, et cependant la capacité de posséder est reconnue à l'un et ne l'est point à l'autre. La décision de la L. 44, § 7 in. f. de usurp. (**41**, 3) (176) nous montre combien peu la

---

de V. O. (**45**, 1) qui ne manque point d'importance pour la décision de la question. Le jurisconsulte se demande si la stipulation du fils de famille tendant à *sibi habere licere* est valable en droit. Il fait valoir d'abord pour l'affirmative que : *auferri res ei et ipse eandem auferre potest.*, mais il combat cette raison par la réflexion que : *non factum, sed jus in hac stipulatione vertitur*, et il arrive enfin à ce résultat : *licet juris verba haec contineat stipulatio, tamen sic esse accipiendum, ut in filiofamilias videatur actum esse* DE POSSESSIONE RETINENDA AUT NON AUFERENDA *et* VIRES HABEAT STIPULATIO.

(175) L. 4 § 1 de usurp. (**41**, 3)... *usucapiet.*

(176) SAVIGNY ne trouve rien d'autre à dire de cette décision inconciliable avec toute sa théorie, et surtout avec son système sur l'*animus domini*, si ce n'est qu'elle contient quelque chose qui paraît singulier. (p. 109.).

volonté entre, en général, en ligne de compte pour le rapport possessoire du fils de famille. Un fils de famille a, pendant l'absence de son père, acheté au nom de celui-ci, et reçu en livraison certaines choses : le père meurt au loin, qu'advient-il de la possession? Réponse : dès le moment de la mort du père (et non dès le moment seulement où le fils en a reçu connaissance) le fils a eu la possession. Pourquoi? Dès ce moment, il est devenu *sui juris*, *suus heres*, propriétaire, et aussi, par une conséquence inévitable aux yeux du jurisconsulte, possesseur. Et cependant il ne s'est pas produit le moindre changement dans sa volonté, après comme avant il se croit fils de famille, et veut détenir pour son père. Ce n'est donc pas le manque de volonté qui exclut le fils de famille de la possession, mais le manque de capacité pour être propriétaire; dès qu'il acquiert celle-ci, il acquiert aussi, à son insu, et sans sa volonté, la capacité de posséder et la possession. Aussi les jurisconsultes romains auraient-ils, à l'inverse, refusé la possession au fils de famille, qui aurait appris la fausse nouvelle de la mort de son père, malgré sa volonté de posséder.

Il résulte de là, que l'obstacle à la possession du fils de famille n'est point dans la puissance, mais dans son manque de capacité pour être propriétaire; là où cette capacité existe, comme chez le *filiusfamilias miles*, la puissance n'est point un obstacle. La position du fils de famille nous fournit ainsi une preuve pour les deux propositions que nous avons à démontrer : *où la propriété n'est pas possible, la possession ne l'est pas non plus*; — *où la propriété est possible, la possession l'est aussi*, — tandis que cette position, à mon avis, est complètement inexplicable avec toutes les théories possessoires qui prennent un autre point de départ que la propriété.

Il me reste à examiner un rapport dans lequel on pourrait voir la condamnation de la proposition que j'ai émise plus haut. *Forum autem et basilicam hisque similia* NON POSSIDENT *(municipes) sed promiscue his* UTUNTUR dit Paul dans la L.

1 § 22 de poss. (41, 2). Et cependant la cité a un droit de propriété sur ces objets. Voilà donc, dira-t-on, ce prétendu parallélisme de la possession et de la propriété pris en défaut. Nullement, dirai-je, car je nie le point de départ. J'ai déjà combattu alleurs (177) l'assertion que le rapport de l'État avec les objets d'usage commun (*res publicae*) doive être considéré comme propriété, et je me vois obligé de répéter ici la substance de mon raisonnement, parce que les écrits de circonstance dans lesquels je l'ai développé, ne sont probablement venus entre les mains que du plus petit nombre de mes lecteurs.

Je pars du principe que la notion « *appartenir* » (*alicujus esse*), et celle de propriété, ne sont pas une seule et même chose; qu'au contraire, une chose peut m'*appartenir* sans être dans ma propriété, c'est-à-dire sans être soumise aux principes qui sont énoncés pour celle-ci, en ce qui concerne l'acquisition, la perte, la protection, la copropriété etc., etc. Mes cheveux *m'appartiennent*, et des mèches de cheveux coupés sont des objets de commerce et de propriété, mais aussi longtemps qu'ils adhèrent à la tête, on ne peut y appliquer les notions de possession et de propriété (178). Les *res sacrae* appartenaient aux communautés religieuses qu'elles concernaient (179), les *res religiosae* aux personnes privées, et ce rapport juridique touchait de fort près à la propriété (180), car c'était un rapport de la chose avec la per-

(177) Dans les deux avis que j'ai émis sur la demande de la régence du canton de Bâle (ville) n° I. Leipzig 1862 p. 36, 44, n° II. Bâle 1862 p. 8, 20; V. aussi mon esprit du Dt R. III. p. 346 note 534.

(178) L. 13 pr. ad leg. Aq. (9, 2). *Dominus membrorum suorum nemo videtur.*

(179) FRONTINUS de controv. agr. II (Grom. vet. éd. Lachmann p. 57) *de aede Minervae jam multis annis litigant* (*Adrumentini et Pysdritani*).

(180) L. 2 § 2 de int. (43, 1)... *Sed et illa interdicta, quae de locis sacris et de religiosis proponuntur,* VELUTI PROPRIETATIS CAUSAM *continent.*

sonne, protégé par des actions, avec une destination limitée mais exclusive à un certain but (181). Cependant les Romains ne le comprenaient pas sous la notion de la propriété, parce qu'ils y auraient, par là, déclaré applicables, toute une série de principes qui ne trouvaient aucune application à ces choses, comme par exemple la liberté d'aliéner, la possibilité de la copropriété et de l'action en partage, l'établissement de servitudes, l'usucapion, etc. Qu'advient-il maintenant des *res publicae*? Leur destination n'est pas de servir à l'État comme personne juridique, mais aux citoyens *(usus publicus)*. Or on peut parfaitement concilier avec cette destination, un rapport juridique secondaire de l'État avec ces choses, et je reconnais que la prétention de l'État au revenu des *res publicae* (182), de même que la propriété qui lui revient sur ces choses dans le cas où la *res publica* se transforme en *res privata*, excèdent le point de vue du *jus majestatis* auquel KELLER (183) a voulu limiter le droit de l'État sur les *res publicae*, et lui donnent un caractère de droit privé. Mais ce que je nie, c'est qu'il faille pour cela considérer ce droit comme *propriété*? Si l'on veut employer cette expression dans le sens indéterminé d'appartenir juridiquement, comme lorsqu'on parle de la propriété d'une créance ou d'une lettre de change, et d'une propriété littéraire, dans ce cas je n'ai rien à objecter; les Romains eux-mêmes se sont permis pareille inexac-

(181) V. les textes à l'appui dans mon Esprit du Dt R. l. c. p. 344.

(182) P. ex. l'herbe qui croit le long des voies publiques, les arbres qui y sont plantés, le *solarium* d'une *superficies* erigée sur un terrain public (L. 32 de cont. emt. 18. 1. L. 2 § 17. ne quid in loc. pub. 43. 8.). Il faut aussi ranger dans cette catégorie le droit du fisc sur la moitié du trésor trouvé dans un fonds public, d'après le § 39 I. de Rer. div. (2. 1.). D'après la L. 3 § 10 de J. fisci. (49. 14.) ce droit est accordé au fisc sur les trésors trouvés *in locis religiosis aut in monumentis*.

(183) Dans l'avis émis à l'occasion du procès mentionné plus haut (reproduit dans le supplément à l'avis concernant les fortifications de Bâle (J. Rüttimann. Zurich 1860) et dans ses Pandectes § 48.

titude, faute d'autre expression[184]. Mais autre chose est d'appliquer à ce rapport la notion de propriété, et là est toute la question. Cela implique l'application de toutes les règles de la théorie de la propriété.

Mais l'applicabilité de la notion de propriété aux *res publicae* est clairement déniée en droit romain, car non-seulement ces choses sont mises en opposition avec le *véritable* patrimoine de l'État *(patrimonium, pecunia, bona populi, fisci)* [185], mais encore on trouve formellement contestée, en ce qui les concerne, l'applicabilité des notions qui supposent des choses susceptibles d'être l'objet d'un droit de propriété, par exemple l'usucapion,

(184) Ils disent p. ex. *dominium ususfructus* (par opposition avec l'expression : *possessio ususfructus*) L. 3 si ususfr. (**7. 6.**) *dominus hereditatis* L. 48, pr. de her. inst. (**28. 5.**), *dominus sepulchri* L. 6. sep. viol. (**47. 12**).

(185) L. 6 pr. L. 72, § 1 de cont. **18.1.**) L. 14 pr. de A. R. D. (**41.1.**) L. 2, § 4, ne quid in loco (**43. 8.**) L. 17 pr. de V. S. (**50. 16.**) En présence de ces passages, il n'est pas douteux que les expressions : *res publicae* NULLIUS IN BONIS *esse creduntur* (L. 1 pr. de R. D. **1. 8.**) et *sacrae res et religiosae et sanctae* NULLIUS IN BONIS *sunt* ne peuvent signifier que la négation de la propriété privée. — Sur cette note et sur le passage cité de mon Esprit du D. R. m'est parvenue une communication de M. le doct. VON KERNSTORF d'Augsbourg, dans laquelle il explique que dans la L. 49 de V. S. (**50. 16**) l'expression *bona* embrasse non-seulement la propriété, mais toutes les formes et espèces d'avoir juridique et que par suite la phrase dont je m'occupe dans cette note: *nullius in bonis sunt*, ne doit pas être entendue uniquement de la propriété, mais que néanmoins elle n'est point en contradiction avec ma théorie, par le motif qu'elle ne touche pas la question du droit de l'État en thèse générale, mais qu'elle refuse seulement aux particuliers (nullius) une prétention juridique sur ces choses. Je doute que cette tentative d'explication puisse paraître satisfaisante, car si *in bonis esse* devait seulement signifier ici l'avoir juridique, on pourrait, à la tentative d'en référer la négation seulement aux individus et non à l'État aussi, opposer l'objection que sous le mot *nullius* sont comprises non-seulement les personnes physiques, mais encore les personnes juridiques.

les servitudes, la vente, la stipulation, etc. (186). Aussi n'est-ce point par hasard que les jurisconsultes romains évitent soigneusement l'expression *dominium* en parlant de ce rapport, et que lorsqu'ils veulent désigner le droit de l'État sur ces choses, ils se servent de l'expression indéterminée : *jus civitatis* (187).

Je ne vois pas la nécessité d'abandonner cette appréciation. Si l'on allègue en effet que la *res publica*, soustraite à l'usage public, tombe dans la propriété de l'État, cette allégation d'une part n'est pas généralement vraie *(alveus derelictus* et *insula in flumine nata)* et en tant qu'elle est vraie (chemins et places publiques) elle est contrebalancée par les *res religiosae* (188) : dans les deux cas cesse l'obstacle qui s'opposait jusqu'ici à l'admission de la propriété, la chose devient désormais *res in commercio*, objet de la propriété privée commune, mais de là ne découle aucune conséquence pour le passé. Les revenus accessoires des *res publicae* ne prouvent pas davantage (note 182) : ils attestent que le rapport juridique de l'État avec eux n'est pas seulement un rapport de droit public, mais en même temps un rapport de droit privé ; mais ils ne prouvent point que ce rapport puisse être soumis à la forme du droit de propriété. Aussi longtemps qu'il subsiste une autre forme d'avoir juridique, — et le rapport sur les *res sacrae* et *religiosae* nous en fournit une preuve, — le jurisconsulte ne sera pas obligé d'abandonner le langage correct du droit romain, et d'attribuer à l'État une propriété à laquelle fait défaut tout ce qui caractérise la différence entre la propriété et ce rapport.

Le système développé jusqu'ici, et le parallélisme que j'ai soutenu exister entre la possession et la propriété, trouvent

(186) L. 83 § 5 de V. O. (45, 1). L. 34 § 1 de cont. emt. (18, 1). L. 1 pr. de S. P. U. (8, 2). L. 9 de usurp. (41, 3). L. 2 de via publ. (43, 11).

(187) L. 2 § 2. Ne quid in l. pub. (43, 8... *loca publica privatorum usibus deserviunt,* JURE *scilicet* CIVITATIS, *non quasi propria cujusque.*

(188) L. 44 § 1 de relig. (11, 7).

dans la loi 1 § 22 de poss. citée plus haut, un appui solide par lequel ils se complètent mutuellement. En effet, en niant la possession des *res publicae* et en y substituant l'*usus publicus*, ce passage reconnaît la vérité de ma proposition : là où la propriété n'est pas possible, la possession ne l'est pas non plus, et fournit ainsi un nouvel argument contre la théorie de la propriété de l'État sur les *respublicae*. En effet, si l'État avait la propriété de ces choses, pourquoi la jurisprudence romaine n'aurait-elle pas, comme partout ailleurs, reconnu comme possession l'extériorité de cette propriété, et pourquoi aurait-elle refusé à l'État la protection possessoire qui a une si grande importance au point de vue de la protection de la propriété?

b. *Où la propriété est possible, la possession l'est aussi.*

Si la protection possessoire est un complément indispensable de la protection de la propriété, la possession doit toujours marcher de pair avec la propriété, pourvu du reste que les conditions de son existence soient réunies. Cette dernière réserve me garantira contre l'objection que la propriété peut continuer sans la possession, car pour la continuation de celle-ci, il ne suffit pas que la *propriété même* continue, il faut que son *exercice de fait* continue.

La théorie romaine de la possession répond-elle à cette exigence? Je ne connais aucun rapport de propriété où le parallélisme dont il s'agit ici entre la possession et la propriété soit démenti. Là où ils admettent la propiété, les jurisconsultes romains admettent toujours aussi la possession, dûssent-ils même abandonner à cet effet la notion scolastique de la possession. Je citerai, non comme preuve de cette *dernière* assertion, mais seulement comme exemple de ce parallélisme en général, la copropriété, qui sur le terrain de la possession a son pendant dans la copossession, de même qu'à l'inverse l'impossibilité d'une copropriété *in solidum* a son pendant dans l'impossibilité de la coposseesion *in solidum*. Du point de vue du pouvoir physique on serait difficilement arrivé à la copossession; du point de vue de la propriété, il résulte nécessairement, comme un reflet de la copropriété.

Quant à la première assertion, je crois, pour l'établir, pouvoir alléguer les rapports suivants :

1. La possession des *enfants* et des *fous*. Pourquoi admettre une possession chez les personnes dépourvues de volonté, si le motif et l'intérêt de la possession reposent uniquement sur la volonté? Doit-on, en interposant leur tuteur, les mettre artificiellement en position de subir un délit, contre lequel ils étaient, sans cela, garantis par leur incapacité naturelle de vouloir? Cela équivaudrait, à mes yeux, à faire pousser une dent à un édenté, dans l'unique but de lui procurer la possibilité de souffrir de maux de dents. Je dirais bien plus volontiers : bienheureux ceux qui n'ont pas de volonté, si l'importance juridique de la possession consiste uniquement à être le rapport sous lequel la volonté est frappée et lésée! Personne ne niera que faire abstraction de la condition de volonté, par rapport à ces personnes, constitue une des plus grandes anomalies de toute la théorie possessoire. Que l'on n'objecte pas que la volonté de leur représentant supplée à la leur, car d'une part, cela n'est pas vrai pour le cas où le possesseur devient fou, au moins tant qu'une *cura furiosi* n'a pas été instituée[189], et d'autre part, même dans l'acquisition de la possession par un représentant, le représenté lui-même doit avoir la volonté de posséder.

---

[189] La possession continue dans ce cas, la L. 27 de poss. (41, 2) le dit, en parlant de la possession exercée *animo*; l'usucapion continue, V. L. 4 § 3 et L. 44 § 6 de usuc. (41, 3). La considération invoquée dans ce dernier passage : *ne languor animi damnum etiam in bonis afferat* est celle dont je veux me servir désormais. Elle est peut-être plus importante encore pour la protection possessoire que pour l'usucapion. SAVIGNY (p. 325) cherche à justifier rationnellement cette continuation, au moyen de la loi qu'il a énoncée pour la perte de la possession (et sur laquelle je reviendrai plus loin) ; le jurisconsulte romain voit là une anomalie, admise *utilitate suadente*, c'est-à-dire sous l'influence de la considération alléguée.

Au point de vue de mon opinion, je n'ai pas besoin d'expliquer ce phénomène. On ne pouvait dénier à ces personnes la capacité de posséder, sans les déclarer quasi-incapables d'être propriétaires. La théorie devait ici fléchir devant les besoins de la pratique. En leur refusant cette capacité, on les aurait obligées, dans le cas d'une *dejectio* violente, à intenter la revendication, faute de l'interdit *unde vi;* on leur aurait même rendue impossible l'acquisition de la propriété par tradition : en un mot, loin d'améliorer leur position juridique, ce qui a toujours été le but du droit, on l'aurait gravement compromise.

Dans le droit nouveau, les *infantes* même, peuvent comme on le sait, acquérir la possession sans tuteur, bien entendu seulement des choses que l'on a l'habitude de donner aux enfants [190]. Il est à peine besoin de faire remarquer que cette concession n'est pas inspirée par l'idée de la possession considérée comme domaine de volonté, mais par l'intérêt de la propriété. Pourquoi imposer cette limite à la capacité de posséder au cas de donation? Parce que c'est le seul cas où l'on rencontre en pratique une acquisition de *propriété* de la part d'enfants sans l'autorité du tuteur, ou pour parler plus exactement, c'est le seul cas où il y ait un intérêt à leur rendre cette acquisition possible. C'est cette dernière considération seule qui a fait admettre la possession. Ici encore donc, la possession ne se présente qu'au service de la propriété.

Cela est également vrai,

2. *pour les personnes juridiques.* Elles n'ont pas non plus de volonté naturelle de posséder : mais l'obstacle que quelques jurisconsultes romains puisaient dans cette circonstance pour leur dénier la possibilité de posséder, n'a point été admis par la pratique, et avec raison [191]. Pourquoi cette concession, s'il s'était

(190) Arg. L. 3 Cod. de poss. (7, 32) verb. CORPORE *quaeritur*, L. 4 § 2 de usurp. (41, 3)... *et animum possidendi habeat*. Cela s'applique aux jouets, aux friandises, à l'argent, mais non aux maisons et aux chevaux.

(191) Comp. L. 1 § 22, L. 2 de poss. (41, 2).

agi seulement de rendre possibles à l'égard de ces personnes les délits possessoires, si l'importance de la possession se puise dans la notion de la volonté, et dans le droit primordial de la personnalité de ne pas être lésée dans la liberté de sa volonté? Il s'agissait d'un but plus sérieux, il s'agissait, pour les personnes juridiques, de leur rendre l'usucapion possible, et de leur accorder la facilité de preuve reconnue à la possession, dans les contestations sur la propriété.

3. A la mort du possesseur, la possession cesse, il est vrai, mais nous avons démontré plus haut (p. 77 s.) que l'intérêt pratique des vivants, auquel la possession est appelée à répondre, a été complètement satisfait d'une autre manière dans la succession héréditaire, et cela au moyen de la continuation non-interrompue de l'usucapion et de l'*hered. petitio.*

4. La *quasi-possession* vient fortement appuyer cette opinion. Si l'on arrive à la *possession* en partant du droit, si le motif pratique de la possession réside dans le droit, non-seulement on conçoit parfaitement bien l'extension de la notion de la possession à tous les droits dans lesquels il peut être question d'une extériorité du droit, c'est-à-dire auxquels correspond un exercice durable et visible, mais encore ce fait contient, pour ces droits, la dernière et nécessaire évolution de leur formation juridique. Je ne puis comprendre comment on est parvenu, d'autre part, à une pareille extension de la notion possessoire, en partant du point de vue du *pouvoir physique sur la chose*, car cette extension ne conserve de la possession ni l'élément de la *chose*, ni celui du *pouvoir physique*, et je ne puis saisir le motif dont s'inspire cette caricature de la possession, qui en défigure la prétendue idée fondamentale jusqu'à la rendre méconnaissable. La théorie de SAVIGNY, si elle veut être sincère, ne peut voir dans la *quasi-possession* qu'une singularité dépourvue de tout motif, une des plus étonnantes confusions d'idées qui se soit jamais rencontrée en droit. — En effet, l'abîme qui sépare le pouvoir physique et la chose d'une part, et d'autre part l'exercice des innombrables droits qui peuvent, en droit moderne, être l'objet d'une *quasi-*

possession, abstraction faite de ces deux éléments, est infranchissable. Cet abîme ne pourrait être comblé que par l'idée que ces deux formes de la possession contiennent toutes deux l'exercice d'un droit, et lorsque SAVIGNY (p. 105) se sert de cet expédient, du reste inévitable, il ne le fait qu'au prix d'une infidélité à sa propre théorie. Du moment qu'il recourt à la notion de l'exercice du droit, il avoue que l'idée du pouvoir physique sur la chose n'est pas une idée primordiale, et n'a pas une importance indépendante pour la possession; que par suite elle ne peut servir de fondement à toute la théorie possessoire : mais qu'elle n'a que l'importance secondaire, d'être la forme sous laquelle se manifeste l'idée de l'exercice du droit dans la *propriété*. Du moment que l'on a ainsi substitué à l'idée du pouvoir physique celle de l'exercice des droits, comme idée fondamentale de la possession, la logique ne permet plus de chercher le motif dernier de la possession ailleurs que dans les droits eux-mêmes, et une fois entrée dans cette voie, elle arrive d'elle-même à découvrir le mouvement parallèle des droits et de la possession, et amène enfin la conviction que la protection de la *possession* est un *complément indispensable* de la pleine protection du *droit*. Ainsi, l'idée développée jusqu'ici du parallélisme entre la propriété et la possession des choses, trouve dans l'extension complétée par notre droit moderne, de la *quasi-possession*, à tous les droits qui en sont susceptibles, un exemple et un appui, qui jette sur ce parallélisme la plus vive lumière, et qui nous permettrait de formuler d'une manière plus générale, comme *extériorité des droits* (liés à un exercice d'une certaine durée) l'*idée de la possession*, que nous avons dû, ici où nous ne l'examinons que dans son application à la possession des choses, concevoir comme *extériorité* de la propriété.

X

2. *Acquisition et perte de la possession. Critique de la théorie de* Savigny.

Si notre point de vue, que la possession est l'extériorité de la propriété, est exact, il devra se confirmer avant tout par la théorie de la naissance et de la continuation de la possession, et nous pouvons d'avance formuler la règle qui doit régir cette matière.

La manière dont le propriétaire exerce en fait sa propriété, doit être le criterium de l'existence de la possession.

Je crois pouvoir prouver que cette règle est parfaitement juste en droit romain, et qu'elle seule nous délivre des contradictions et des difficultés qui s'attachent à la théorie de Savigny sur les conditions d'origine et de perte de la possession; contradictions et difficultés que l'on n'a si faiblement discutées jusqu'ici que parce qu'on ne trouvait point d'expédient pour les éviter. Aucune partie de la théorie possessoire de Savigny n'a été, autant que celle-ci, généralement approuvée et crédulement acceptée. Aussi, je crois nécessaire, avant d'aborder l'exposition de ma propre théorie, de motiver le jugement que je viens de prononcer sur celle de Savigny, et de montrer qu'elle s'enveloppe dans des contradictions inextricables aussi bien avec les décisions des jurisconsultes romains qu'avec elle-même. L'erreur fondamentale de Savigny consiste, d'après moi, en ce qu'il identifie la notion de possession avec celle du pouvoir physique sur la chose, sans s'apercevoir que ce dernier point de vue n'a qu'une vérité relative et limitée. Il en arrive ainsi à la resserrer de telle sorte qu'elle perd toute vérité et n'est plus que la négation d'elle-même.

Voyons d'abord si ce point de vue soutient l'examen dans la théorie de l'*acquisition* de la possession, et dans celle de la *perte* de la possession.

Savigny (p. 185, 211) fait consister la notion de *l'appréhension* dans la possibilité physique d'agir immédiatement sur la chose et d'en écarter toute action étrangère. Comme condition essentielle de cette possibilité, il exige aussi bien pour les immeubles (p. 187) que pour les choses mobilières, (p. 191) la présence immédiate près de la chose; « c'est la présence matérielle qui « entraîne la faculté de disposer librement de la chose (p. 189), » il faut que la possibilité de disposer librement de la chose se » présente comme réelle et immédiate à l'esprit de celui qui » veut en acquérir la possession (p. 213). » Aussi SAVIGNY a-t-il soin, dans quelques textes qui ne font aucune mention de cette condition de présence (p. 195, 200), de la supposer à priori. Les esclaves auxquels, d'après la L. 1 Cod. de donat. (8, 54), on a livré la possession et la propriété, par la simple remise des titres de propriété, etaient présents à l'acte; l'acheteur de la L. 1 § 21 de poss. (41, 2) et L. 9 § 6 de A. R. D. (41, 1) était présent dans le magasin dont les clefs lui ont été remises.

SAVIGNY a-t-il réussi, comme il le croit (p. 211), à démontrer l'exactitude de sa notion de l'appréhension, par l'interprétation des textes? Je le conteste formellement. La possibilité de l'acquisition de la possession au moyen de la *custodia* (p. 201 et s.) est inconciliable avec la nécessité de la présence personnelle de celui qui appréhende, et l'on a peine à comprendre comment SAVIGNY croit pouvoir éviter cette contradiction en disant (p. 202) « qu'il » n'est rien dont on soit plus le maître que de sa demeure, et que » par là même on a la *custodia* de tout ce qui s'y trouve » En effet, ce pouvoir seul n'est pas suffisant : d'après SAVIGNY lui-même, il faut en outre la possibilité d'une action *immédiate* sur la chose, et cette possibilité n'existe pour lui que là où celui qui appréhende est *présent* près de la chose. S'il suffit d'être maître de la chose, suis-je moins maître lorsque le vendeur d'un magasin m'en apporte la clef dans ma demeure, que lorsque celui qui me livre des marchandises, dépose le paquet dans mon vestibule ouvert, en mon absence, et sans qu'aucun de mes gens l'ait introduit et ait vu la chose (*quamquam id nemo dum attigerit* L. 18 § 2 de poss.). ou lorsqu'on amène le betail dans mon étable ouverte, le bois dans ma cour, le fumier dans mon jardin? J'estime que je suis bien plus le maître dans le premier de ces cas. Personne en effet n'ouvrira aussi facilement que moi la porte de fer du magasin, tandis que l'accès de mon vestibule, de ma cour, de mon jardin ou de mon étable est libre, et lorsque je songe au danger possible d'une soustraction de la possession dans chacun de ces cas, pour mesurer d'après cela « *la conscience de mon pouvoir physique,* » je crois être infiniment plus en sûreté avec la clef du magasin que dans ces cas de *custodia*.

La L. 55 de A. R. D. (41, 1) m'accorde la possession et la propriété du gibier pris dans mes piéges, sans avoir égard à l'endroit où ceux-ci ont été placés, c'est-à-dire sans examiner s'ils ont été placés sur mon propre fonds ou en plein champ (192). Le jurisconsulte n'exige point une appréhension corporelle immédiate du gibier ; il admet donc que la possession du chasseur peut commencer en son absence : cela résulte de la manière la plus claire des termes employés : *apron* MEUM... *qui eo facto* MEUS *esse* DESISSET. Voici donc indubitablement un cas d'acquisition de la possession sans que l'acquéreur soit près de la chose. — Il est donc impossible que la possibilité d'une action physique immédiate soit une condition absolue de l'appréhension.

Mais là même où existe cette possibilité, jointe à la connaissance et à la volonté, elle ne suffit pas toujours. Je défie de mettre d'accord avec la théorie sur l'appréhension de SAVIGNY. les deux décisions suivantes. D'après la L. 5 § 3 de A. R. D, (41, 1) tout individu peut posséder *sine furto* les rayons qu'un essaim d'abeilles qui ne m'appartient pas a formés sur mon arbre, c'est-à-dire que je n'ai pas plus acquis la possession de ces rayons que celle des abeilles mêmes d'après le § 2. On le comprend fort bien quant à ces dernières : mais quant aux

(192) SAVIGNY (p 198 note) esquive la nécessité d'exprimer son opinion sur ce passage. Car en disant que la raison de cette décision se trouve dans les mots : *ut* SI IN MEAM POTESTATEM *pervenit, meus factus est,* il ne fait que traduire les paroles du jurisconsulte : *summam tamen hanc esse puto.*

rayons de miel formés sur mon arbre, dans mon jardin, on serait disposé à croire qu'ils ne m'appartiennent pas moins que les grives qui sont venues se prendre dans les lacets que j'ai placés dans mon bois. On trouve ici la possibilité d'une action immédiate, la connaissance et la volonté, — pourquoi donc n'y a-t-il pas de possession ?

La seconde décision concerne l'acquisition du trésor, c'est-à-dire d'une chose cachée dans un temps ou dans un lieu quelconque (SAVIGNY p. 204). Les opinions des jurisconsultes romains sur les conditions de l'acquisition de la possession dans ce cas, étaient partagées. Quelques anciens jurisconsultes accordaient la possession au possesseur du fonds dans lequel était caché le trésor, du moment où il en avait reçu connaissance, tandis que la majorité, dont l'opinion a été approuvée par Justinien, n'admettait la possession que *si ipsius rei supra terram possessionem adeptus fuissem* ou *si loco motus sit* ([193]). Lorsque la L. 3, § 3 de poss., qui contient la dernière version, ajoute comme motif : *quia non sit sub custodia nostra*, il est évident à la vérité, que le propriétaire du sol ne peut agir immédiatement sur le trésor ni en disposer tant qu'il ne l'a pas déterré. Mais, je le demande, en est-il autrement de la chose déposée chez moi en mon absence, ou du gibier tombé dans mon piége? Si tout dépend de la sûreté du pouvoir physique sur la chose, je crois que cette sûreté subsiste dans ce cas autant que dans la *custōdia* domestique. SAVIGNY (p. 205) estime il est vrai que c'est là une *custodia* toute spéciale, qui n'est possible que dans cette hypothèse, et dans une addition à la 6e édition, il fait naître, en contradiction avec les décisions tout à fait générales des jurisconsultes romains, la possession sur le trésor enfoui dans la maison même, dès le moment où on en a connaissance. Sans entrer ici dans l'examen des considérations sur lesquelles repose positivement la décision des jurisconsultes romains (v. plus bas

([193]) L. 3, § 3. L. 44 pr. de poss. (41. 2.) L. 15 ad exh. (10. 4.).

XII) je ne puis m'empêcher de demander pourquoi un mur élevé, infranchissable, ne pourrait pas me donner, par rapport au trésor enfoui dans mon jardin, la même « *conscience d'un pouvoir physique* » que m'accorde le dépôt d'une chose, pendant mon absence, dans ma cour ou dans mon vestibule ouvert ([104]).

Si nous passons maintenant en revue les rapports que nous venons de citer, nous voyons que SAVIGNY n'a nullement réussi à les mettre en harmonie avec sa notion de l'appréhension. S'il croit, néanmoins, y avoir réussi, croyance partagée par toute notre jurisprudence romaniste moderne, c'est d'abord qu'il désavoue sa propre notion de l'appréhension là où elle le gène, et ensuite qu'il n'examine nullement plusieurs des rapports que j'ai signalés. De deux choses l'une : ou bien SAVIGNY a raison quand il asseoit la notion de l'appréhension sur la « possibilité d'agir *immédiatement* sur la chose, » — et alors je comprends bien pourquoi les clefs du magasin ne procurent pas la possession du magasin, et pourquoi la possession du fonds ne procure pas celle du trésor, mais je ne comprends plus :

1. Comment SAVIGNY peut m'accorder la possession du trésor muré dans ma maison, car je ne puis agir immédiatement sur ce trésor tant que je n'ai pas percé le mur.
2. Comment je puis acquérir la possession, en mon *absence*, alors que je suis éloigné peut-être de plusieurs lieues, au moyen du dépôt fait dans ma demeure,
3. ou au moyen des piéges tendus au gibier dans la forêt ;

([104]) Parlant de la perte de la possession, (p. 311-312) SAVIGNY assimile, par rapport à la *custodiae causa* de la L. 44. p. de poss., et pour le maintien de la possession, le fait de conserver une chose dans sa demeure, et celui de l'enfouir dans son champ ; « les mesures spéciales prises pour la conservation de cette chose (*custodia*) lui donnent la certitude de pouvoir la retrouver plus tard, » et il ajoute en note : « tel est le sens général du mot *custodia*, et la différence entre l'acquisition et la conservation de la possession n'est ici qu'une question de plus ou de moins. » Voilà donc enfin la *custodia* appliquée au jardin !

4. Je ne comprends pas non plus pourquoi je n'acquiers point la possession des rayons de miel formés sur mon arbre.

Ou bien au contraire, il ne faut pas la possibilité de l'action personnelle immédiate, c'est-à-dire instantanée, il suffit d'un pouvoir assuré obtenu d'une manière quelconque, sur la chose. Alors je comprends les cas 1, 2 et 3, mais je ne saisis point pourquoi je ne dois pas aussi avoir la possession du trésor qui se trouve dans mon fonds, et pourquoi la tradition des clefs ne doit pas me donner la possession du magasin ou de la maison. Le cas nº 4 reste pour moi, dans l'une comme dans l'autre hypothèse, une énigme.

On voit donc que la théorie de SAVIGNY sur l'appréhension aboutit à des contradictions palpables ; tantôt la présence est nécessaire, tantôt elle ne l'est point, tantôt la sûreté du pouvoir physique suffit, tantôt elle ne suffit point, — la déduction de SAVIGNY se modèle sur les décisions concrètes qu'il s'agit d'interpréter, mais elle oublie, lorsqu'elle arrive à la seconde, ce qu'elle a énoncé à propos de la première. On peut ainsi refuter SAVIGNY par SAVIGNY lui-même. Supposons par exemple que je veuille démontrer que d'après SAVIGNY, la tradition des clefs devait procurer la possession du magasin : il me suffira de recourir à son assertion sur la *custodia* (p. 202) dont il résulte que c'est la certitude du pouvoir sur la chose qui m'en donne la possession. Si je veux, au contraire démontrer, que la *custodia* ne peut donner aucune possession, j'invoquerai son assertion concernant le trésor (p.212), suivant laquelle le propriétaire n'a point la possession de celui-ci, « parce qu'ici aussi il est fort possible qu'un autre trouve ce » trésor, qui alors n'aurait été à aucun instant réellement au » pouvoir du propriétaire du sol. » Le danger qu'un autre me prévienne dans l'appréhension physique de la chose est-il plus grand pour le trésor enfoui dans la terre et caché à tous les regards que pour le paquet de livres déposé dans mon vestibule? La réponse ne peut être douteuse si l'on compare sans parti pris les deux hypothèses. En fait, SAVIGNY considère lui-même ce danger comme fort sérieux, car dans sa théorie de la perte de la possession (p. 312), l'enfouissement du trésor apparaît comme *custodia*, c'est-à-dire comme une mesure spéciale prise pour la conservation du trésor et qui donne au possesseur la certitude de pouvoir le retrouver plus tard (note 164).

Si nous en venons maintenant à la perte de la possession, la formule qu'énonce SAVIGNY n'est pas, à mes yeux, plus exacte que celle qu'il émet pour l'acquisition. La possession, d'après lui se maintient tant que subsiste la possibilité de reproduire quand on le veut l'état originaire; il y a donc perte de la possession dès que cette possibilité s'est convertie en impossibilité (p. 310).

Examinons cette idée de plus près.

Notre théorie l'a acceptée sans élever d'objections : je ne me l'explique que par ce motif que ne se trouvant pas en état d'y substituer une autre meilleure, elle a soigneusement évité de l'ébranler. Quant à moi, je n'en connais aucune dans toute la jurisprudence qui résiste comme elle à toute application sérieuse.

L'impossibilité de reproduire à volonté l'état originaire devra donc décider si la possession est perdue. *Reproduire* A VOLONTÉ, signifierait-il par hasard : sans qu'il y ait aucun obstacle? On le croirait d'après le mot *à volonté* (p. 310) : car si je dois d'abord surmonter des obstacles et vaincre une résistance étrangère, le résultat ne dépend pas seulement de ma *volonté*, mais en même temps du rapport des *forces* qui sont à ma disposition, avec les *obstacles* qui leur sont opposés. SAVIGNY ne s'est nullement prononcé sur cette question. Nous ne pouvons dès lors chercher le sens qu'il attache à sa notion que dans les exemples où il en fait application. La chose m'a été enlevée par vol ou brigandage, en ai-je perdu la possession? Oui, « ici la cessation de la faculté » d'en disposer est parfaitement évidente (p. 311). » Il faudrait pour être conséquent en dire autant du cas, où « pendant notre » absence notre immeuble se trouve occupé par une personne à » même de nous empêcher violemment d'y rentrer, car la possi- » bilité physique d'agir sur la chose nous est évidemment

» enlevée dès cet instant tout aussi bien que dans le premier cas,
» mais c'est ici que cette règle subit une exception remarquable
» (p. 319). »

Je ne veux pas examiner si tous ces cas ne sont pas d'une nature telle, que le possesseur pourrait sans grande peine recouvrer la chose, — circonstance, cependant, à laquelle Celsus attache une importance décisive dans la loi 18 § 3 h. t.

Non desisse illico possidere existimandus sum, facile EXPULSURUS *finibus simulatque sciero.*

SAVIGNY lui-même n'a pu la méconnaître entièrement, puisqu'il a soin de l'exclure du cas d'occupation dont il s'agit, en supposant que l'autre personne est « à même de nous empêcher *violemment* de rentrer. » (Qui dira qu'elle le puisse; ou qu'elle le veuille, si elle le peut)?

Mais admettons que tout obstacle qui s'offre à nous soit suffisant pour faire cesser notre possession, il faut cependant être conséquent. Le pont qui conduit à notre fonds est détruit; jusqu'à ce qu'il ait été reconstruit, l'accès de notre fonds nous est rendu complètement impossible; ou notre fonds est inondé, est-ce que la possession continue? Oui, répond SAVIGNY, « il va sans dire » qu'un obstacle *passager* tel que ceux-là n'enlève pas la possession (p. 311 note 5). Comment cela va sans dire, c'est ce que je suis hors d'état de comprendre([195]). En effet, si le caractère transitoire de l'empêchement, qui surgit ici à l'improviste comme une condition essentielle, doit exercer une influence aussi décisive, est-ce qu'un empêchement transitoire ne fait pas au moins temporairement cesser la possibilité de reproduire à volonté l'état des choses originaire? Or si la possession est

([195]) SAVIGNY ne fait aucune attention à la L. 30 § 3 de poss. (41, 2 *item quod mari aut flumine occupatum sit, possidere nos desinimus*, ni à la L. 3 § 17. *Desinere me possidere eum locum, quem flumen aut mare occupaverit* (il n'est pas dit ici si c'est passagèrement ou pour toujours, et du reste, qui peut savoir cela d'avance?). Ces deux fragments contredisent l'assertion de SAVIGNY.

interrompue, ne fût-ce que temporairement, c'en est fait de sa continuité, et la possession ultérieure n'est plus la possession ancienne, mais une possession nouvelle. Je m'en rapporte ici à SAVIGNY lui-même. « L'*animus* à lui seul fait perdre la posses-
» sion, du moment que le possesseur a la *volonté d'y renoncer :*
» car dès ce moment, par suite même de cette résolution, la
» reproduction de la volonté première, à laquelle elle est opposée,
» devient impossible. Dès lors, si même plus tard l'ancien
» possesseur voulait recommencer à posséder, il lui faudrait une
» nouvelle appréhension, parce que la possession antérieure
» aurait complètement cessé d'exister (p. 326). » Ce n'est pas encore le moment de soumettre cette opinion de SAVIGNY à un examen critique, il me suffira de m'en servir pour éclairer la décision rapportée plus haut. Je le demande, le possesseur qui change de volonté fait-il naitre un obstacle plus *durable* que l'évènement naturel qui a détruit le pont? Un nouveau changement de volonté suffit pour écarter l'obstacle, tandis que la reconstruction du pont peut durer fort longtemps; qui sait même si le possesseur ou tout autre à qui appartient ce pont le fera jamais reconstruire? Mais admettons-le. Un obstacle passager ne doit pas faire cesser la possession; comment décider si c'est un obstacle passager ou non? faut-il avoir égard au moment actuel, ou faut-il attendre le résultat? Et dans le premier cas, je demande de nouveau, est-il plus facile pour moi de reconstruire un pont, que d'aller chercher les bois et les planches que mon voisin a furtivement transportés sur son fonds, ou les pigeons qu'il a enfermés dans son colombier? Dans le second cas, il ne faudra pas même que je reprenne ces objets de ma propre autorité, car le voisin sera sans doute très disposé, dès que j'aurai appris le fait, à me rendre les choses, pour éviter une dénonciation en justice. Et même dans le cas contraire, ne puis-je pas me dire dès à présent, en songeant à l'effet d'une dénonciation : l'obstacle que mon adversaire oppose à ma possession est de nature passagère? Ou bien faut-il que le résultat décide? Eh bien, il doit décider aussi bien dans l'un cas que

dans l'autre. Si j'obtiens au bout de peu de jours la restitution des choses qui m'ont été enlevées par vol ou brigandage, je ne devrai, dans ce cas, jamais avoir perdu la possession ; si je ne fais pas refaire le pont à demeure, je devrai à l'inverse l'avoir perdue rétroactivement.

Si l'endroit où se trouve notre chose, nous devient *entièrement inaccessible*, il y a perte de la possession d'après Savigny (p. 340). Il invoque ici la L. 13 pr. de poss. (**41, 2**) où le jurisconsulte, parlant des *lapides in Tiberim demersi naufragio et post tempus extracti*, exprime son opinion dans les termes suivants : *dominium me retinère puto, possessionem non puto*. Lorsque j'en arriverai à motiver ma propre opinion (**XIII**), j'aurai occasion de mettre dans son vrai jour l'importance, complètement perdue de vue par Savigny, des mots ajoutés : *post tempus*. Mais à part cela, est-ce que le lit du Tibre était *complètement inaccessible?* La meilleure preuve que non, c'est que les pierres en ont été extraites *post tempus*. Il fallait, pour cela, il est vrai, des travaux d'art! Mais n'en fallait-il pas aussi pour rétablir le pont qui s'est écroulé dans l'eau?

Lorsque l'on a caché sa chose dans sa propre maison, de telle manière que l'on ne peut la retrouver, la possession continue, comme on sait. Savigny cherche à justifier cette proposition en disant que « les mesures spéciales prises pour la conservation de » la chose lui donnent la certitude de pouvoir la retrouver plus » tard (p. 312). » Je le demande encore : qu'importe pour la possibilité de reproduire *immédiatement* l'état antérieur l'assurance de retrouver *plus tard?*

La possession dure, en l'absence de la personne, même sur des fonds lointains, sur des prairies d'été ou d'hiver dont on ne jouit que périodiquement et qui sont quelquefois éloignées de plusieurs journées du lieu où demeure le possesseur. Savigny lui-même concède que cet « éloignement, tout en rendant moins » immédiate la faculté de disposer de la chose, n'enlève cependant pas cette faculté d'une manière absolue (p. 319). » Mais si cette faculté moins immédiate, retardée par plusieurs journées de voyage, suffit, pourquoi ne suffit-elle plus pour l'animal domestique qui s'est perdu (p. 313), ou pour le portefeuille que j'ai perdu dans un bois, à une place que j'ignore (p. 312)? Il me faut moins de peine pour envoyer des domestiques à la découverte de l'animal ou du portefeuille égaré, que pour faire un voyage vers des fonds lointains.

Si le possesseur perd la raison, sa possession ne cesse point pour ce motif (196); nous avons indiqué plus haut (p. 143) le motif pratique qui a introduit cette règle. On pourrait croire que SAVIGNY désigne cette règle comme une règle singulière, inconciliable avec sa formule; car comment peut-on parler, par rapport à un fou, de la possibilité de reproduire à volonté la volonté de posséder originaire? Mais ici encore une fois la formule conserve une docilité et une flexibilité remarquables. « L'impossibilité de vouloir posséder n'étant ici que purement » *subjective* et *accidentelle*, que le possesseur oublie pendant » quelque temps sa possession, ou qu'il vienne à perdre la » raison, il n'y aura, relativement à la chose possédée, aucune » différence essentielle. » Nous rencontrons ici un second élément important pour déterminer négativement la notion de l'impossibilité. On ne prend point en considération une impossibilité *passagère*, ni une impossibilité *subjective* et *accidentelle*. Mais l'impossibilité qui a son fondement dans l'*animus*, ne doit-elle pas être nécessairement subjective? La résolution de ne plus posséder ne serait-elle par hasard pas subjective?! Et puis le caractère accidentel! La mort est-elle moins accidentelle que la perte de la raison? Là, la possession cesse, ici elle est maintenue, mais la volonté manque dans les deux cas. Et où donc est-il écrit que des évènements fortuits n'ont point le pouvoir de faire cesser la possession? N'est-ce point aussi un évènement fortuit lorsque je perds la chose, ou lorsque l'oiseau s'envole hors de sa cage ouverte? Avec la même raison que SAVIGNY croit pouvoir

(196) L. 27 h. t., L. 4, § 3, L. 31 § 4 de usurp. (41, 3).

arguer du cas où le possesseur oublie sa possession au cas où il perd la raison, on pourrait arguer du fait que la possession ne se perd point lorsque la chose n'est point venue depuis longtemps entre les mains du possesseur, pour le cas où il l'a entièrement perdue.

Ces exemples suffisent pour démontrer combien peu SAVIGNY est parvenu à prouver le point de vue qu'il a lui-même établi. Partout l'on ne rencontre que restrictions, incertitudes et contradictions; ce sont des évolutions dialectiques continuelles, c'est la casuistique et la dialectique du moment, qui dans des cas particuliers, avance après coup des choses essentielles, dont il n'avait pas été question lorsqu'il s'agissait de motiver et de fixer les notions mêmes; c'est enfin une dialectique complaisante, qui démontre toujours tout ce qui est précisément nécessaire, et qui oublie un moment après, ce qu'elle vient à peine d'affirmer.

SAVIGNY ne peut faire remonter aux jurisconsultes romains la responsabilité de sa formule. La preuve en est fort simple. S'il a raison, c'est la force d'inertie qui régit la possession. La possession continue toujours, dès qu'il y a possibilité de reproduire l'état originaire, quand bien même cette possibilité ne se traduirait jamais en fait. La chose que j'ai laissée dans la forêt, le fonds lointain que je ne cultive ni ne visite, restent toujours en ma possession, même si cet état de choses dure pendant 50 ans. On croirait qu'une pareille conclusion, qui répugne complètement à l'aspect naturel du rapport possessoire, aurait dû rendre timides les défenseurs du point de vue dont nous parlons, et leur aurait ouvert les yeux sur les textes qui disent ouvertement le contraire (XIII). Mais ils ont une foi inébranlable dans la vérité de leur axiome et non-seulement ils ont passé les yeux fermés à côté de ces textes, mais encore ils ont poussé le fanatisme de la conséquence jusqu'à doter la quasi-possession elle-même de cette loi d'inertie.

Lorsque, par un exercice répété du droit de passage sur un fonds voisin, on a acquis la quasi-possession de ce droit, et qu'ensuite on ne l'exerce plus pendant 10, 20, 30 ans, qu'advient-il de la quasi-possession? Elle continue tout bonnement, car rien ne s'oppose à la possibilité de reproduire l'état originaire, c'est-à-dire à la répétition du passage. C'est ce que nous apprend SAVIGNY lorsqu'il nous renvoie, à ce sujet (p. 457), aux principes qu'il croit avoir établis pour la possession des choses, et qu'il croit également décisifs pour la quasi-possession des servitudes personnelles. « La continuation de ce genre de possession, dépend » aussi, comme celle de toute autre possession, de la possibilité » constante de reproduire la faculté primitive de disposer de la » chose; elle se perd dès que cette possibilité fait défaut (p. 450). » Il se fait à la vérité une objection. La servitude même s'éteint par un non-usage de 10 ans, qu'adviendra-t-il donc de la quasi-possession, lorsque la servitude s'est ainsi éteinte? Dans ce cas, dit SAVIGNY, « la possession doit avoir été perdue pendant tout « le laps de temps intermédiaire, quand même la faculté de » disposer aurait toujours pu se reproduire. »

Étrange aspect que prend ainsi le rapport possessoire pendant tout ce temps! Si le quasi-possesseur se rappelle la servitude et l'exerce le dernier jour de la 10e année, il aura eu la possession pendant toute cette série d'années, s'il l'oublie, au contraire, il ne l'aura pas eue, rétroactivement. La possession dont la nature de simple fait est, à un autre endroit, accentuée par SAVIGNY à tel point que par exemple il ne la fait commencer, pour la possession acquise par le *negotiorum gestor*, qu'à partir de la ratification, parce que « l'effet rétroactif qui peut s'appliquer à » des actes juridiques proprement dits, ne saurait s'imaginer en » matière de possession (p. 286), » la possession acquiert donc ici cet effet rétroactif; « pendant le simple non-usage, elle reste » en suspens, et c'est la reprise de l'usage ou l'expiration de » tout le laps de temps requis pour la prescription, qui prouvera » si la possession a, ou n'a pas subsisté pendant l'intervalle » (p. 450). » C'est avec raison que PUCHTA ([197]), qui partage au

([197]) V. son article sur la possession dans WEISKE Rechtslexicon II, p. 72.

surplus l'opinion de SAVIGNY (198), remarque que c'est là une hypothèse purement gratuite qui ne paraîtrait justifiée que si, entre l'existence du droit et la possession, il y avait une connexion si essentielle que celle-ci ne pourrait exister sans celui-là; mais on peut rester possesseur alors que le droit est éteint. Se basant là dessus, il fait continuer la quasi-possession même après l'extinction de la servitude par non-usage, et il se demande quels seraient les effets de cette possession. A quoi il répond qu'il n'en existe pas! Car les deux effets de cette possession : l'usucapion et les interdits supposent tous deux l'exercice de la servitude de la part du quasi-possesseur, la première un exercice continuel, la seconde un exercice pendant un certain temps précédant l'intentement de l'action. « De cette manière, continue-t-il, il reste certain que la quasi-possession ne peut, il

(198) V. p. 71 ibid. « La quasi- possession se perd donc, non par le non-» exercice, mais seulement par l'impossibilité de se remettre à volonté, » dans l'exercice de fait du droit. » L'auteur du remarquable ouvrage paru récemment sur la possession, RANDA (*Der Besitz nach österr. Recht*, Leipzig 1867 p. 348 s.) s'est entièrement rangé du côté de PUCHTA sur ce point, et ne recule pas plus que lui devant la conséquence relevée ci-dessus. Il suffit pour lui d'un seul acte pendant les 30 ans de la prescription pour que la possession ne soit pas perdue (p. 350), cet acte même n'est pas nécessaire si durant le temps requis pour prescrire l'occasion d'exercer la servitude ne s'est pas présentée (p. 352) — BRUNS (Besitz p. 475) adhère aussi à cette opinion. Il trouve tout aussi faux de faire consister la quasi-possession dans l'exercice de la servitude que de faire consister l'exercice de la propriété dans la possession des choses. C'est seulement pour l'acquisition de la possession que les droits positifs exigent l'exercice. La possession, une fois acquise au moyen de l'exercice, dure aussi longtemps que durent la volonté et la possibilité de fait de reproduire à volonté cet exercice. « Les défenseurs de cette opinion perdent complètement de vue que la notion de la *quasi* ou *juris possessio* n'était qu'une abstraction des jurisconsultes, tandis que l'édit du préteur, qui seul est décisif en cette matière, employait toujours l'expression *usus es* dans les interdits quasi-possessoires.

» est vrai, commencer, mais qu'elle peut continuer sans l'exer-
» cice effectif; du reste cette proposition est dépourvue d'effet
» pratique, parce que ces deux effets de la possession n'exigent
» pas seulement son existence *in abstracto* (!), mais un état
» d'exercice effectif. » En vérité jamais une opinion fausse ne s'est condamnée elle-même avec une pareille ingénuité! Une possession à laquelle manquent les deux uniques effets qui lui donnent une importance juridique, et qui continue néanmoins *in abstracto!* — le couteau de Lichtenberg sans lame,... et sans manche! Pourquoi et combien de temps se maintient cette possession sans effets? Pourquoi? Uniquement parce qu'elle ne peut cesser, en vertu d'une formule théorique. Combien de temps? Tant que le possesseur n'est pas mort, donc, s'il s'agit d'une personne juridique, éternellement!

Laissons-la donc tout bonnement à son éternité, cette possession qui n'a aucune importance pour ce monde; là peut-être il sera donné de comprendre cette possession existant seulement *in abstracto*, même à ceux qui, sur cette terre, n'y ont vu que le produit d'une dialectique malsaine, perdant complètement de vue le but pratique et les intérêts du droit, et qui rappelle la scolastique du moyen-âge. Néanmoins, cette invention de PUCHTA est féconde en enseignements; elle a ce prix, à mes yeux, qu'elle montre l'abîme vers lequel on court lorsque l'on veut trouver l'importance de la possession, dans la possession même — *on part de l'idée de la possession établie a priori et l'on arrive à la possession existant dans l'idée.*

Revenons maintenant à la possession des choses et demandons-nous : la continuation de la possession sans aucune espèce de détention, par exemple sur la chose que j'ai déposée dans la forêt, et puis oubliée (« longtemps oubliée » dit SAVIGNY), est-elle quelque chose de plus exact que la quasi-possession sans l'exercice? Cette possession continue aussi à subsister par l'unique motif qu'elle ne peut s'éteindre; *possession abstraite* que personne ne voit, dont personne ne profite, et dont personne, pas même le possesseur lui-même, ne s'aperçoit. Ce qui en prolonge la durée, c'est uniquement la prétendue loi de la *vis inertiae* de SAVIGNY, d'après laquelle une possession continue jusqu'à ce qu'il se produise dans l'état des choses un changement qui convertisse en impossibilité la possibilité de reproduire à volonté le rapport originaire. Nous démontrerons plus loin que cette loi est tout-à-fait inconnue au droit romain.

Elle est commode cependant cette théorie de la *vis inertiae*, commode pour le possesseur qui peut tranquillement se croiser les bras, sûr de ressusciter comme possesseur au jugement dernier, pourvu que la volonté de posséder l'ait suivi dans l'éternité et qu'il ne soit survenu aucun changement dans la position extérieure de la chose. Elle est commode pour le juge, à qui elle offre une règle toute faite au moyen de laquelle il peut, sans se rompre la tête, établir facilement l'existence actuelle de la possession. La possession n'a-t-elle pas cessé par un *actum in contrarium*, elle continue imperturbablement, le possesseur doit prouver qu'elle est *née*, c'est à son adversaire à prouver qu'elle a *cessé* de telle ou de telle manière. Ainsi disparait pour le juge le devoir d'examiner attentivement le rapport possessoire, comme il y est obligé d'après ma théorie; ces deux pôles de la possession comprennent en eux-mêmes sa continuation, et dispensent dès lors le juge de l'examiner. Mais la commodité d'une opinion ne lui donne pas seule droit à une valeur pratique et scientifique. Sinon l'idée des jurisconsultes du moyen-âge de rendre plus pratique la notion incommode et indéterminée du droit coutumier en indiquant un certain nombre de cas et d'années comme conditions du droit coutumier, cette idée aurait dû être adoptée par la science, car le mesurage à l'aune du droit coutumier est infiniment plus commode que son examen interne. On ne peut cependant pas toujours mesurer à l'aune, spécialement en matière de notions qui ne reposent pas sur un seul acte mais sur un état durable, comme le droit coutumier et la possession. Dans tous deux il s'agit de la manifestation extérieure, là d'une règle de droit, ici d'un droit, et dans tous deux on ne peut échapper à la nécessité d'opérer avec un *point de vue*, au lieu d'une règle toute faite, à moins qu'on ne veuille établir aux dépens de l'idée même de l'institution une maxime externe et mécanique. C'est ce point de vue que nous allons maintenant rechercher et démontrer.

XI

3. *La possession est l'extériorité de la propriété.*

Par extériorité de la propriété j'entends l'état normal externe de la chose, sous lequel elle remplit sa destination économique de servir aux hommes. Cet état prend selon la diversité des choses un aspect extérieur différent : pour les unes il se confond avec la détention ou possession physique de la chose, pour les autres pas. Certaines choses restent ordinairement sous la surveillance personnelle ou réelle, d'autres sont abandonnées sans protection ni surveillance [109]. Le cultivateur laisse ses meules de foin et de blé en plein champ, l'architecte laisse à pied d'œuvre les matériaux destinés à la construction, mais nul n'en agit ainsi pour ses objets précieux, ses meubles, etc. : tout le monde les enferme dans sa maison. Le même état, qui est l'état *normal* pour les premières de ces choses, apparaît pour les secondes comme un état *anormal*, comme un état sous lequel l'extériorité de la propriété ne se manifeste pas habituellement par rapport à ces choses. Il en résulte, si notre théorie est exacte, que la possession doit *continuer* pour les premières et *cesser* pour les secondes. Celui qui trouve une chose de la première catégorie dans cette condition, doit penser qu'elle s'y trouve *par* la volonté du possesseur, tandis qu'il doit penser tout le contraire s'il trouve dans cette condition une chose de la seconde catégorie. Dans le premier cas, s'il prend la chose avec

(109) On rencontre la même distinction dans les *servi custodiri soliti* et *non soliti* des Romains. V. pour ces derniers L. 18, pr. Comm. (13. 6). L. 23 d. R. J. (50. 17).

lui pour la remettre au possesseur, il s'ingère dans un *rapport de volonté* étranger, *visible*, et qui lui saute aux yeux; il n'en est pas ainsi dans le second cas, où au contraire il rend un service au possesseur en emportant la chose avec lui pour la lui remettre. De cette manière le caractère juridique du rapport dans lequel cette chose se trouve avec son propriétaire, devient *visible* dans les deux cas. La possession aussi bien que la non-possession est visible, et c'est précisément cette *visibilité* qui est pour sa *sécurité* de la plus haute importance. En effet, la sécurité de la possession ne repose pas seulement sur l'élément *physique*, c'est-à-dire sur les mesures de sûreté prises pour la protéger, mais aussi sur l'élément *moral* ou *juridique*, c'est-à-dire sur la crainte de léser les droits d'autrui, inspirée par le sens juridique ou par la loi. Si je passe auprès du lacet placé par autrui dans la forêt, sans m'emparer de la grive qui s'y est prise, le motif qui me retient n'est pas de nature physique, mais de nature purement morale : c'est le respect de la propriété d'autrui. Le voleur, il est vrai, ne recule point devant ce motif, mais quant à lui les murs, les serrures et les verrous eux-mêmes n'offrent point une sûreté suffisante; et comme le prouve l'expérience, on vole beaucoup plus de choses qui sont *in custodia* que d'autres.

J'ai exposé brièvement jusqu'ici la partie essentielle de mon opinion, je vais essayer maintenant à la fois de la motiver et de la développer, en la décomposant en thèses, — forme qui la rendra plus facile à examiner pour le lecteur.

1. Le droit romain admet la possession dans plusieurs cas où l'on ne trouve ni surveillance personnelle sur la chose, ni mesures réelles pour sa sûreté.

Cette assertion n'a pas besoin de preuves. Tous ceux qui connaissent la théorie possessoire se rappelleront les exemples de la possession des fonds lointains et des *saltus hiberni et aestivi*; pour les choses mobilières, je citerai les esclaves absents, et le gibier tombé dans le piége du chasseur (L. 55 de A. R. D. **41**, 1). Si la possession du gibier *s'acquiert* même en l'absence du chasseur (p. 145), on ne peut mettre en doute que la possession des pièges et lacets ne *continue* aussi pendant son absence.

2. Cette continuation de possession ne peut être expliquée par le pouvoir physique.

Il ne peut rationnellement être question de pouvoir physique sur la chose que là où l'on est *près* de la chose, ou bien où on la garde de telle manière qu'il est impossible au premier venu de la prendre. J'ai un pouvoir de fait sur mon fonds lointain, aussi longtemps que je suis *dessus* ou *auprès*; mais dès que je m'éloigne, ce pouvoir cesse, et je ne puis empêcher un autre d'occuper le fonds. C'est commettre un grave abus des mots que de parler dans ce cas d'un pouvoir physique. Car comment se manifeste ce pouvoir? D'aucune façon! c'est un pouvoir physique dont se moquent les lièvres qui mangent les choux de mon champ, et les enfants qui jouent dans mes meules de foin! Il en est de ce pouvoir comme de la quasi-possession *in abstracto* de PUCHTA, c'est un pouvoir physique sans réalité physique, — une image projetée sur le mur par la lanterne magique de la théorie!

3. La possibilité de reproduire à volonté l'état originaire ne suffit point pour faire admettre un pouvoir physique dans ces cas.

D'abord, il n'est pas vrai de dire que cette possibilité se rencontre dans tous les cas où le droit romain laisse continuer la possession; — que l'on songe seulement aux pacages alpestres *(saltus aestivi)* que le possesseur abandonne à l'automne et pour lesquels cette tentative de reproduction pendant l'hiver pourrait, dans des circonstances données, lui couter la vie. Et puis qu'importe la possibilité de la *réintégration subséquente*, pour la question de savoir si j'ai *présentement* un pouvoir physique sur la chose? Je puis, lorsque mon four est refroidi, le rallumer à chaque instant, mais pour cela je ne dirai pas qu'il est *chaud*, tant qu'il restera froid, — la possibilité n'est pas la réalité.

4. Cette possibilité, en tant qu'elle existe, ne repose point sur l'élément *physique*, mais sur l'élément *juridique* et *moral* de la possession.

Dans la première partie de cette proposition je touche à une idée qui, à mon avis, bien qu'elle n'ait jamais été exprimée scientifiquement, ou peut-être à cause de cela même, a puissamment servi l'erreur que je combats ici. Elle a une certaine apparence de vérité par rapport aux objets que le possesseur a sous sa garde personnelle ou réelle *(custodia)*, mais même pour ces objets, ce n'est qu'une vérité limitée. En effet ce n'est pas aux murs, aux serrures et verrous, aux caisses et aux poches seulement que je dois la sécurité de mes choses mobilières: mais à ces obstacles *extérieurs* que j'oppose aux convoitises d'autrui, se joignent encore les barrières *invisibles* dont le droit entoure ma propriété: l'ordre juridique, le sens juridique répandu dans le peuple, la crainte du voleur d'être découvert et puni. Les quelques articles du code pénal sur le vol, le brigandage, la défense privée, pèsent bien plus que toutes ces mesures de sûreté mécanique; qu'on suppose ces articles disparus, et l'on verra de suite combien ces dernières ont peu d'importance.

Dans les cas ci-dessus, et dans beaucoup d'autres que nous rencontrerons plus loin, la sécurité de la possession repose *exclusivement* sur ces garanties morales et juridiques. C'est uniquement à leur efficacité, et non à aucune autre circonstance, que le possesseur d'un fonds devra d'être presque certain qu'aucun autre ne profitera de son absence pour s'approprier la possession. Ce sont ces garanties, et non son rapport physique avec la chose, qui lui assurent la possibilité dont parle Savigny, de reproduire à volonté le rapport originaire; sans elles sa confiance en cette possibilité ne serait pas plus fondée que son espoir de gagner un gros lot: elle serait une possibilité purement abstraite, le premier venu pourrait y mettre un terme. C'est une des erreurs les plus grosses de conséquences et une des plus fatales que l'on ait commises dans la théorie possessoire que d'avoir fondé la sécurité de la possession, et avec elle la possession elle-même, sur le point de vue de la sûreté mécanique, du pouvoir physique. La sécurité de la possession repose essentiellement sur la *protection juridique* accordée au rapport de droit de l'homme sur la chose.

5. Ce sont les intérêts pratiques de la vie sociale qui décident à quel rapport externe de l'homme avec la chose le législateur doit accorder cette protection.

D'après l'opinion que je combats, pour laquelle le législateur se serait, en matière de possession, laissé guider uniquement par l'idée que le pouvoir physique de l'homme sur les choses mérite une protection juridique, le législateur lui-même et la jurisprudence n'auraient pas eu de tache plus essentielle que d'établir avec la plus grande précision la notion du pouvoir physique, et les cas où on doit l'admettre. Le droit romain, dès lors, aurait méconnu ce devoir en admettant la possession dans certains cas où cette condition fait entièrement défaut ([200]).

Si au contraire l'intention du législateur a été, comme nous l'avons démontré, de compléter la protection de la propriété, ce ne sont pas des investigations linguistiques sur le mot *possession* qui doivent décider dans quels cas on doit accorder la protection possessoire; ce sont les intérêts de la propriété, et toute la question du rapport de la possession et de la protection possessoire se réduit, ainsi que nous l'avons déjà remarqué (p. 127 s.), à ceci : la protection possessoire n'est point accordée dans les cas où il y a possession dans le sens naturel du mot, mais nous ne reconnaissons la possession, juridiquement parlant, que là où l'on peut accorder la protection possessoire, sans nous préoccuper de savoir si l'usage linguistique vulgaire de la vie se trouve ou non d'accord avec nous.

C'est donc l'intérêt de la propriété qui détermine la protection possessoire et avec elle la notion de la possession. Là où des motifs pratiques font accorder la première, le jurisconsulte doit appeler possession l'état des choses, même (comme par exemple dans le

---

([200]) Outre les cas cités plus haut (thèse 1) je citerai celui de l'acquisition de la possession par le père sur le pécule d'un fils dont il ignore entièrement l'existence L. 4 de poss. (41. 2.)... *quamvis* IGNORET *in sua potestate filium. Amplius etiam si filius ab* ALIO *tanquam servus* POSSIDEATUR.

cas de l'esclave fugitif) lorsque cet état n'a rien de la possession dans le sens naturel du mot.

6. L'intérêt de la propriété s'oppose à ce qu'on limite la notion de la possession à la détention physique de la chose.

L'exercice de la propriété au moyen de la jouissance effective de la chose n'est point lié, pour une foule de choses, à la nécessité d'une sûreté personnelle ou réelle; sa destination économique ou son caractère naturel font souvent qu'elle se trouve dépourvue de toute espèce de protection ou de surveillance. Le paysan ne peut point, pour exclure les entreprises des tiers, entourer ses prés et ses champs de murs, il ne peut faire garder par une sentinelle son foin ou son grain qui sèche sur le champ, ni le bétail qui se trouve sur son pré. Le pâtre suisse abandonne au printemps son pacage alpestre, l'hôtelier établi sur les sommets quitte son hôtellerie d'été, le possesseur d'une maison de campagne l'abandonne aussi et aucun d'eux ne laisse quelqu'un pour garder la maison et le mobilier qui la garnit [201].

Combien de branches d'industrie n'y a-t-il pas qui exigent précisément que les objets nécessaires à leur exercice restent à découvert, sans surveillance! Le chasseur laisse sans surveillance dans la forêt, ses pièges et ses lacets, le bûcheron le bois qu'il a coupé, le pêcheur laisse son poisson dans ses filets, le tailleur de pierres laisse ses pierres dans la carrière, le mineur laisse la houille dans la mine, l'architecte laisse ses matériaux de construction à pied d'œuvre, le batelier charge du sable, des pierres, du bois, au lieu d'embarquement, sans établir aucun gardien; combien de bateaux restent vides dans le port, en hiver, pendant que les hommes de leur équipage retournent chez eux, combien de barques sont attachées à la rive de manière à ce que tout le

[201] Le *nouvel exemple de l'époque actuelle* que BARON (Jahrb. VII, p. 144) croit avoir trouvé dans les maisons de campagne qu'il oppose aux *saltus aestivi* et *hiberni* se trouve déjà dans Theophile IV, 15 § 5 (προάστεια, *suburbana*).

monde puisse les détacher ([201]). Dans la plus grande partie de ces cas, la nécessité d'une *custodia* spéciale, dans le but de maintenir la possession, conduirait indubitablement à ce résultat, qu'on aimerait mieux renoncer entièrement à la protection possessoire, que de se la procurer d'une manière gênante, couteuse et même pratiquement irréalisable dans certains cas. Le législateur, de cette manière, ne ferait pas autre chose que refuser la protection possessoire pour ces rapports. Et pour quel motif? Uniquement par amour de cette idée fixe que la possession est la détention corporelle de la chose!

Mais cette idée est absolument fausse. La notion possessoire pratiquement possible ne peut être que la suivante :

7. La possession des choses est l'extériorité de la propriété.

Cette notion seule peut exprimer comment la possession et la propriété se couvrent mutuellement, comme le veut l'intérêt du commerce. Conçue ainsi, la possession accompagne toujours l'utilité économique de la propriété, et le propriétaire n'a point à craindre que le droit l'abandonne, lorsqu'il use de la chose d'une manière conforme à sa destination.

8. La forme extérieure de ce rapport de fait est différente selon la diversité des choses.

Une théorie possessoire qui, comme la théorie dominante, n'entrevoit pas l'influence qu'exerce la diversité des choses sur l'aspect extérieur du rapport possessoire, et qui énonce pour toutes les choses la même formule, est *a priori* erronée, et

---

([201]) Ces cas suffisent seuls pour démontrer combien est insoutenable l'opinion de BARON qui a cherché dans mes Jahrb. VII n° 2, à fonder la continuation de la possession sur la *custodia*. Sa custodia *objective* qui, du fonds même, peut être exercée par le possesseur sur tous les objets qui s'y trouvent, ne lui rend pas même le service d'un épouvantail, car ceux-ci éloignent au moins quelquefois les moineaux, tandis que cette *custodia* n'éloigne personne. V. en sens contraire AD. EXNER *Die Lehre vom Rechtserwerb durch Tradition nach österreichischen und gemeinen Recht*, Vienne 1867, p. 109 s.

conduit à des résultats tout-à-fait absurdes. Si je conserve la possession du fumier ou de l'argile que j'ai fait transporter sur mon fonds, et que j'y ai laissés pendant tout l'hiver, je dois, d'après cette théorie, conserver aussi la possession sur les coffres et caisses que j'abandonne de la même manière sur mon fonds : — la reproduction du rapport originaire, c'est-à-dire le fait de me rendre sur mon fonds, n'est pas plus difficile dans l'un cas que dans l'autre. Si au contraire je perds la possession de ces dernières choses parce que je ne les ai plus sous ma *custodia*, il faut pour le même motif que je perde aussi la possession du fumier et de l'argile.

Le droit romain a reconnu dans de nombreux cas l'influence de la diversité de l'emploi économique des choses : il l'a reconnue notamment pour les *saltus aestivi et hiberni* (203), pour les esclaves (204), pour les animaux (205), et d'une manière tout-à-fait générale par rapport à la différence entre les choses mobilières et immobilières (206). Le point de vue par lequel il s'est laissé guider n'est autre que celui que nous avons établi. La forme normale sous laquelle le propriétaire exerce sa propriété, par rapport aux *saltus aestivi et hiberni*, consiste en ce qu'il n'en use que périodiquement, et les abandonne périodiquement; par rapport aux esclaves, en ce qu'il les laisse aller et venir librement (à moins qu'il n'ait des motifs de s'en défier), qu'il les envoie même en voyage, et leur confie le soin de ses affaires dans les pays lointains (207) ; par rapport aux animaux domestiques et aux animaux sauvages apprivoisés, en ce qu'il les laisse entrer et sortir en liberté (208). Pour la plupart des choses mobilières au

(203) L. 3 § 11 de poss. (41, 2)... *quamvis certis temporibus eos relinquamus.*

(204) L. 3 § 13 ibid. *excepto homine* L. 13 p. ibid.

(205) L. 3 § 13 — 16 ibid.

(206) L. 3 § 13 cit. *res mobiles.*

(207) L. 1 § 14 h. t. *quos in provincia habemus.*

(208) L. 4. L. 5 § 5, 6. de A. R. D. (41, 1). L. 3 § 13, 16 cit.

contraire, cette forme consiste en ce que le propriétaire les a dans sa maison, et c'est cette catégorie de choses que Celsus a en vue lorsqu'il énonce cette règle dans la L. 3 § 13 cit : *res mobiles excepto homine, quatenus sub custodia nostra sint, hactenus possideri.*

Cette règle ne s'applique point aux choses pour lesquelles une *custodia* dans ce sens n'est pas usitée. C'est ce que démontre l'exemple du gibier pris dans le lacet (L. 55 de A. R. D.). Si la possession en commence sans *custodia*, à plus forte raison continue-t-elle sur le gibier et sur le lacet même. Et si la possession ne se perd pas sur le champ par rapport aux choses tombées dans l'eau [209], elle doit encore bien moins se perdre lorsque les matériaux de construction se trouvent à l'endroit où je vais construire et que celui-ci n'est pas sous ma surveillance immédiate. Il n'y a donc pas le moindre doute pour moi que l'on ne doive admettre dans tous les cas cités ci-dessus (p. 164 s.), que la possession continue, bien que la chose ne soit l'objet d'aucune surveillance.

En conséquence nous pouvons affirmer que :

9. L'existence de la possession est affaire de pure expérience ; c'est une question de vie quotidienne.

La question de savoir si l'on doit admettre une possession, se résoud simplement d'après la manière dont le propriétaire traite d'habitude les choses de l'espèce dont il s'agit. A l'aide de ma théorie, tout citadin, tout paysan peut résoudre cette question : avec celle de SAVIGNY le jurisconsulte lui-même ne le peut, car le point de vue dont il doit se servir dans ce but, celui de la possibilité ou de l'impossibilité de la reproduction à volonté de l'état originaire est, comme nous l'avons vu (p. 148 s.) si indéterminé et si élastique, que son auteur lui-même n'a pas été capable de l'établir avec sûreté. — On peut avec ce point de vue démontrer tout ce que l'on veut.

---

(209) L. 13 p. h. t., v. XIII.

A cette conception de la possession se rattache par voie de conséquence :

10. Le grand avantage que présente pour les tiers la facilité de reconnaître l'existence d'un rapport possessoire.

La chose même, par l'état dans lequel elle se trouve, annonce son rapport possessoire. Si cet état est *normal* pour elle, quiconque l'y trouve, doit se dire que ce rapport local ne repose pas sur un simple hasard, mais sur l'intention, et que la chose accomplit précisément dans cet état sa destination économique, qu'elle *sert* au propriétaire. Cet état est-il *anormal* pour elle, il reconnaîtra que la chose s'est *soustraite* au service de son propriétaire, que le rapport de la propriété est *troublé* en fait. Le bois déposé près de la bâtisse annonce qu'il est en possession de quelqu'un, le bois que le courant m'amène atteste que la possession en est perdue; les pièges et les lacets que je trouve dans la forêt m'apprennent qu'ils sont là *par* la volonté du propriétaire, la montre que je trouve auprès témoigne qu'elle y est *sans* la volonté du propriétaire. D'après la théorie de SAVIGNY le tiers, dans la plus grande partie des cas, ne sera pas en état de résoudre cette question de l'existence de la possession. En effet, comment peut-il savoir si le propriétaire se trouve en état « de reproduire l'état originaire, » s'il est près ou loin, s'il est parti, s'il est en fuite, malade ou mort. Et cependant il est de la plus haute importance de pouvoir résoudre cette question, car :

11. La *visibilité* ou la *possibilité concrète de reconnaître* la possession est d'une importance décisive pour sa sûreté.

Pour le voleur, cette qualité est sans influence aucune, mais pour l'honnête homme elle est décisive. L'honnête homme, dans les cas que je viens de citer, laissera le gibier sans y toucher, mais il ramassera la montre pour la restituer à son véritable propriétaire. C'est précisément pour cela que je suis autorisé à considérer comme voleur celui que je surprends avec le gibier, car l'appréhension de celui-ci ne peut être interprétée que par l'intention préméditée de se l'approprier; — je n'ai pas ce droit à l'égard de celui qui a trouvé la montre, car son action peut être expliquée de deux manières, et ce ne sera que son attitude subséquente qui démontrera laquelle des deux est la vraie. On ne peut, je crois, trouver un point d'appui solide pour cette question si importante de l'intention frauduleuse qu'avec ma théorie, tandis que celle de SAVIGNY ne nous est d'aucun secours à cet égard.

Je termine ici l'examen du rapport externe de la possession ou de ce qu'on nomme *corpus*. Il me resterait encore à démontrer le parallélisme du second élément de la possession, ou de l'*animus*, avec l'extériorité de la propriété. Si je néglige cette tâche, c'est que, comme je l'ai observé plus haut (p. 2), j'ai choisi la critique du soi-disant *animus domini* pour objet d'une troisième étude. Mais en dehors même de cette circonstance, je me dispenserais encore d'une démonstration plus minutieuse, par la raison que l'exactitude de ma manière de voir sur ce point, se manifeste si ouvertement et si clairement que SAVIGNY lui-même en a reconnu la vérité, lorsqu'il a formulé la volonté de posséder comme *animus domini*. — Ce témoignage pèse d'autant plus dans la balance, que cette formule s'accommode bien peu d'après moi avec sa notion de la possession. En effet, si la possession est le pouvoir physique sur la chose, comment la volonté de posséder n'est-elle pas déterminée par cette notion seule, et pourquoi doit-elle encore être déterminée par la notion de propriété? L'inconséquence dans laquelle tombe SAVIGNY prouve que la logique interne des choses ne lui a point permis de méconnaître ce point de vue ni de s'en écarter.

Sans entrer plus avant dans cette matière, il me sera cependant permis d'ajouter aux thèses précédentes la suivante :

12. La différence entre l'*animus possidendi* et *alieno nomine detinendi* ne trouve une explication satisfaisante que dans le point de vue de l'extériorité de la propriété.

Résumant maintenant les explications qui précèdent, je puis dire que la notion de la possession que j'ai établie a résisté à toutes les épreuves, tant au point de vue de sa *légitimité et de sa nécessité législatives*, que de sa simple *applicabilité pratique* et de sa *concordance avec le droit romain*.

Tout ce que ce dernier contient sur cette matière : les actions possessoires, les conditions de capacité de la personne et de la chose, le parallélisme entre la possession et la propriété, la détermination du *corpus* et de l'*animus*, — gravite autour de la propriété comme autour d'un centre invisible. En acquérant cette conviction et en concevant, pour nous y conformer, la possession des choses comme extériorité de la propriété, il nous est donné de nous représenter la connexion intime qui existe entre la possession des choses et celle des droits, et d'établir la notion la plus élevée de la possession à laquelle ces deux formes sont subordonnées comme sous-variétés (p. 141), savoir :

13. La possession est l'extériorité du droit.

La théorie du pouvoir physique doit elle-même recourir à la notion de l'exercice de la propriété, pour arriver de la possession des choses à celle des droits (SAVIGNY p. 164). Mais au lieu de se poser la question si voisine, de savoir si les notions du pouvoir physique sur la chose et de l'exercice de la propriété sont corrélatives, et au lieu d'expliquer pourquoi dans la possession sur les choses l'exercice du droit est lié au pouvoir physique, tandis qu'il ne l'est indubitablement pas dans la quasi-possession, elle passe rapidement sur ce point de vue si riche en conséquences, elle ne le met en scène que pour le faire aussitôt disparaître, après qu'il a rendu le service qu'on lui demandait. Bien plus, le préjugé que l'essence de la possession consiste dans le pouvoir physique conduit si loin, que SAVIGNY (p. 165 s.) conteste même à la quasi-possession son droit au nom de possession, et dans cet emploi du même mot, — dans cette preuve frappante de la reconnaissance de leur homogénéité interne, attestée par l'abstraction juridique, — il ne veut voir qu'une *dira necessitas* engendrée par la pauvreté de la langue, — comme s'il eût été difficile aux Romains d'adapter l'expression dont se servaient les interdits possessoires pour désigner ce rapport (*usus es*), à la quasi-possession, au moyen d'une ajoute quelconque, par exemple comme *usus juris !*

L'expression *juris possessio* employée par la jurisprudence romaine pour désigner l'extériorité des servitudes est à mes yeux la meilleure preuve que ce qu'elle entendait par *possessio*, par rapport à la propriété, pouvait parfaitement être appliqué aux servitudes, en d'autres termes que c'était non le pouvoir physique sur la chose, mais l'extériorité de la propriété. Nous avons maintenant à examiner l'application de notre point de vue aux théories sur l'acquisition et sur la perte de la possession.

Qu'il me soit permis d'abord d'invoquer une expression générale de nos sources qui me servira à la fois de conclusion pour toute l'investigation qui précède et d'épigraphe pour la suite. J'attache assez peu de force probante à de semblables expressions générales, mais je puis en tout cas me servir de celle-ci comme d'une simple formule, conforme aux sources, de toute ma théorie possessoire. Il s'agit des expressions de la L. 2 Cod. de poss. (3, 32)... *cum ipse proponas te diu in possessione fuisse* OMNIAQUE UT DOMINUM GESSISSE. On ne saurait mieux exprimer en latin mon point de vue de l'extériorité de la propriété, que par ces mots: *omnia ut dominum gessisse*.

XII

4. *Application à l'acquisition de la possession*

La question d'origine a pour la possession une bien moindre importance que pour la propriété. Pour celle-ci, elle se confond entièrement avec la question d'*existence*. — Celui qui veut prouver l'existence de sa propriété ne peut le faire qu'en fournissant la preuve de son origine, ou du motif qui l'a engendrée. — Il n'en est pas de même de la possession; car là où il s'agit uniquement de l'existence d'un état de fait qui peut être démontré comme tel, par exemple l'existence ou la détention d'une chose, il n'y a pas de raison de remonter jusqu'à l'origine. Si néanmoins on agite cette question, même pour la possession, c'est d'abord en vue de l'intérêt qu'offre le moment où la possession a commencé (usucapion), et ensuite à raison de la facilité de preuve que l'examen de l'*origine* de la possession, peut, dans des circonstances données, fournir pour la démonstration de son *existence*. Notre pratique actuelle reconnait le même principe qui se trouve attesté par Paul Sent. Rec. V. 11 § 2, pour la pratique romaine: *sufficit ad probationem (traditae possessionis), si rem corporaliter teneam*. Pour démontrer la possession de ma maison, de mon troupeau, etc., je n'ai pas besoin de prouver que j'ai *acquis* la possession : il saute aux yeux que je possède. Il en est de même du champ que j'ai cultivé jusqu'à ce jour. Mais que dire de la possession d'un fonds que j'ai acheté l'hiver dernier, dont j'ai reçu la tradition et que je n'ai pas encore cultivé jusqu'ici? Comment prouver ici l'*état* de ma possession? Dans ce cas, on le voit, il ne reste plus qu'à remonter jusqu'à l'*acte d'acquisition* de la possession.

Nous avons vu (p. 168) que la *visibilité* de la possession a une influence décisive sur sa *sûreté*, et toute la théorie de l'acquisition de la possession doit, à mon avis, être ramenée à cette visibilité.

Le propriétaire de la chose doit être visible ; omnia ut dominum fecisse oportet.

Comment devient-il visible? C'est une erreur de n'asseoir l'acquisition de la possession que sur l'*acte d'appréhension* du possesseur; car alors on ne peut éviter la condition de la présence du possesseur auprès de la chose, à moins que l'on ne préfère, comme Savigny (V. plus haut p. 144) passer outre sans s'en inquiéter autrement. Un briquetier a, sur ma demande, apporté près de ma bâtisse les briques que je lui ai commandées; celui qui m'a vendu du fumier l'a transporté sur mon champ, le jardinier a transporté les arbres dans mon jardin, faut-il que je voie ces choses pour en acquérir la possession? Nullement; pas plus que je ne dois avoir vu le tonneau de vin que l'on a déchargé en mon absence dans le vestibule de ma maison ou le paquet de livres que l'on a déposé dans mon antichambre (210). Dira-t-on que, ce que la

(210) Exner, *Die Lehre vom Rechtserwerb durch Tradition*, Vienne, 1869,

L. 18 § 2 de poss. (41, 2) et L. 9 § 3 De J. D. (23, 3) décident pour la livraison dans la maison (*in mea* DOMO *deponere... inferantur in* DOMUM *ejus*) doit être restreint à ce cas et ne peut être étendu à la cour, au jardin, à la place où je bâtis, etc.? Dira-t-on que pour acquérir la possession des œufs pondus par mes poules ou par mes pigeons, ou des poussins qu'ils ont couvés, il faut d'abord que je les voie?

Dans tous ces cas, ce serait imposer au possesseur une formalité inutile que de l'obliger à se transporter auprès de la chose pour en acquérir la possession, car la simple vue des choses, — l'appréhension n'est pas nécessaire pour l'acquisition de la possession, — ne change rien à leur position. Celle-ci suffit parfaitement pour signaler le possesseur à tout le monde comme propriétaire de fait.

Dans tous ces cas, auxquels il faut joindre celui de l'occupation du gibier et du poisson, au moyen des piéges tendus et des filets jetés (p. 145) et l'acquisition de la possession et de la propriété par le propriétaire du troupeau, sur les têtes remplacées par l'usufruitier ([211]), la possession naît donc en l'absence et sans appréhension du possesseur, en supposant sa volonté d'acquérir. Cette volonté doit-elle être prouvée? Non certes. Le rapport de fait renferme en lui-même la présomption de la volonté de posséder, « *sufficit ad probationem, si rem* CORPORALITER *teneam,* » c'est à l'adversaire à alléguer et à prouver le défaut de la volonté. Après les développements dans lesquels je suis entré, je n'ai plus besoin d'insister sur la relation intime qui existe, dans les cas ci-dessus, entre la chose à acquérir et la manière dont se fait l'acquisition. J'acquiers immédiatement la possession du fumier qui a été transporté en mon absence sur mon champ, mais je n'acquerrais pas la possession du tonneau de vin que j'aurais la

p. 92, ajoute l'exemple des troncs pour les pauvres exposés dans des endroits publics.

([211]) L. 69 de usuf. (7. 1) *substituta statim domini fiunt.*

folie de faire décharger au même endroit. Le chasseur devient possesseur du gibier, mais non du mouchoir qui se trouve retenu dans son piége : et de ce que j'acquiers la possession des choses inanimées qui ont été déposées dans le vestibule de ma maison, il ne s'ensuit pas que j'acquière celle du canari ou du singe qui ont été, dans ce même vestibule, rendus à leur liberté naturelle par le messager qui me les apportait et qui n'a trouvé personne à qui les remettre. La position de la chose qui doit me fournir la possession doit être celle que l'on rencontre habituellement dans la vie chez les choses de la même espèce.

Si nous examinons maintenant l'acquisition de la possession procurée par un acte d'appréhension personnelle, le point de vue du pouvoir physique auquel SAVIGNY la ramène, pourrait parfaitement se concilier avec le mien : celui de l'extériorité de la propriété. On ne saurait en effet mieux constater et plus visiblement mettre en relief l'extériorité de la propriété, qu'en assujettissant la chose à son pouvoir physique. Mais ce point de vue ne suffit point en réalité. Il y a des cas où il se réalise, et où cependant on dénie l'acquisition de la possession; d'autres où il manque, et où cependant on admet cette acquisition. L'héritier apprend par les papiers de son auteur, que celui-ci a muré un trésor en une place déterminée de la maison habitée par l'héritier; il se rend à cette place, et il constate qu'elle répond à la description que son auteur en a faite : a-t-il par là acquis la possession du trésor? SAVIGNY (v. plus haut p. 146) répond affirmativement, d'accord avec quelques jurisconsultes romains anciens, mais la jurisprudence nouvelle répond négativement et exige pour l'acquisition de la possession le *loco movere* (212). Pourquoi? Sabinus répond : *quia non sit* SUB CUSTODIA. Il ne peut avoir entendu par là le pouvoir physique, car il ne fait point défaut dans ce cas, puisque dans la L. 44 cit. Papinien suppose que le propriétaire enterre le trésor *custodiae*

(212) L. 3 § 3, L. 44 pr. de poss. (41. 2) L. 15 ad exh. (10. 4).

causa, c'est-à-dire en vue d'une plus grande sûreté physique. Ce qui manque, c'est le rapport de fait dans lequel la chose serait placée par toute personne qui aurait réellement l'intention de s'approprier la chose; le *loco movere* contient la *constatation de la volonté d'être propriétaire, l'omnia ut dominum fecisse* appliqué à l'*acquisition* de la chose. Supposons un autre cas. Quelqu'un trouve une chose à découvert, il ne lui convient point de l'emporter de suite, et il se résoud à revenir plus tard pour la chercher; mais dans l'intervalle il est prévenu par un autre. Lequel des deux a acquis la possession? Le dernier d'après mon opinion, car le premier a bien eu momentanément le pouvoir physique sur la chose, circonstance qui d'après SAVIGNY suffirait pour lui en *procurer* la possession, la possibilité de reproduire à volonté l'état originaire devant suffire ensuite pour la lui *conserver* : mais je lui dénie la possession. En réalité, il n'a point fait ce qu'aurait fait à sa place toute personne qui aurait eu un intérêt à la chose. Un essaim d'abeilles appartenant à autrui s'est attaché à mon arbre, un autre s'est approprié l'essaim et les rayons de miel (V. plus haut p. 145): a-t-il commis un vol? Non, dit le jurisconsulte dans la L. 5. § 2, 3, de A. R. D. (**41**, 1). On peut nier avec raison que j'aie le pouvoir physique sur l'essaim, car il peut à tout instant s'envoler, mais les rayons sont fixés à l'arbre. Si néanmoins on m'en refuse la possession, ce ne peut être, encore une fois, que parce que je n'ai pas fait ce que je n'aurais pu négliger si j'avais attaché une valeur à ces rayons : m'en emparer. Des choses appartenant à mon voisin sont tombées dans mon jardin, ou dans ma cour : en ai-je la possession? J'ai bien le pouvoir physique sur ces choses, et comme je connais et que je laisse subsister l'état dans lequel elles se trouvent, on devrait ajouter que j'ai aussi la volonté de les posséder. Cependant la L. 5 § 5 ad. exh. (**10**, 4) me dénie la possession. Pourquoi? Je ne puis que répéter la réponse que j'ai déjà donnée : je n'ai pas manifesté la volonté de me les approprier; mais si je transporte ces choses dans ma grange, j'en aurai acquis la possession.

Si nous résumons les résultats de l'examen auquel nous nous sommes livrés jusqu'ici, nous verrons que le point de vue du pouvoir physique, quant à l'acquisition de la possession, ne soutient pas l'examen, ni dans les cas où la possession s'acquiert en l'absence du possesseur sans que ce pouvoir existe, ni dans les cas où l'existence de ce pouvoir devrait avoir pour conséquence l'acquisition de la possession. A la place de ce point de vue nous en avons présenté un autre qui est décisif et que nous désignerons par les mots : *constatation de fait de l'intention d'être propriétaire*. Devient possesseur conformément à ce point de vue, celui qui a mis ou fait mettre la chose dans une position qui correspond à la propriété et qui de cette manière le signale comme prétendant à la propriété. Voyons si nous pouvons appliquer ce point de vue aux autres cas d'acquisition de la possession.

Pour la majeure partie des choses, cet état se confond avec la détention corporelle; on a régulièrement auprès de soi ou dans sa maison les choses mobilières; la maison même, on l'habite; et l'intention d'être propriétaire s'atteste, pour ces choses, par la seule existence de cet état dont l'acte d'appréhension n'est que le premier moment. Mais il y a des choses pour lesquelles une appréhension dans ce sens est tout-à-fait impossible. Pour toutes les choses immobilières, notamment, qui sont libres et à découvert: champs, pâtures, prés, bois, lacs, terrains à bâtir, cette détention corporelle, ou pour parler comme SAVIGNY, le pouvoir physique manque; la propriété sur ces choses ne se manifeste point dans l'état de la chose même, mais par des *actions isolées* du possesseur, qui se répètent périodiquement. On reconnaît le propriétaire du champ dans celui qui le laboure et qui y récolte, le propriétaire du pré dans celui qui y fait les foins, etc. On devrait ici pour l'acquisition de la possession exiger la répétition non troublée de ces actions. Si le droit ne l'exige point, et s'il substitue dans ces cas, à l'assiette *réelle* de la possession, la manifestation de l'intention juridique, on ne peut il est vrai méconnaître que ce ne soit nécessaire, mais nous ne pouvons non plus ignorer l'aspect particulier que prend ici l'acquisition de la possession.

L'acheteur du champ ou du bois doit en prendre possession. Que doit-il faire à cet effet? Il se rend seul ou accompagné du vendeur sur le fonds. Et puis? S'il sait voir, il prend inspection du fonds. S'il est aveugle, il n'a pas même cette ressource, et il revient, selon la théorie des jurisconsultes, avec la conscience de s'être approprié de cette manière le *pouvoir physique* sur le fonds! Mais si cela était vrai, il faudrait en dire tout autant du cas où une autre personne quelconque entreprendrait la même promenade avec l'intention de s'approprier la possession; or pour un autre la promenade et l'inspection n'ont absolument aucun effet! Que l'on compare avec cela, pour le contraste, l'acquisition de la possession sur les choses mobilières. Le même acte d'appréhension qui procure à l'*acheteur* la possession des choses mobilières, suffit dans le même but au *voleur* et au *brigand*. Pourquoi cette différence? Répondre, que pour les choses immobilières la *dejectio* du possesseur n'est pas possible en son absence et qu'une nouvelle possession ne peut commencer tant que l'ancienne subsiste, c'est ne rien dire : car pourquoi la possession continue-t-elle pour les choses immobilières et non pour les choses mobilières? Si la présence sur le fonds avec l'intention d'en prendre possession, est *par elle-même* suffisante pour procurer le pouvoir physique et avec lui la possession, pourquoi limiter ce fait à la personne de l'acheteur et pourquoi ne peut-il être étendu à celle de l'occupant injuste? On n'obtient une réponse satisfaisante qu'en rendant hommage à la vérité, et en reconnaissant que cet acte ne procure pas le pouvoir physique sur la chose, mais sert seulement à constater le *transfert de la possession et de la propriété* qui s'opère au moyen de l'accord réciproque. Ce qui manque à cet acte, en force *réelle* et en efficacité, c'est-à-dire par rapport à l'assujettissement physique de la chose, se supplée au moyen des circonstances *juridiques* qui l'accompagnent (213). C'est dans celles-ci que réside toute l'énergie

(213) Tel est le sens des paroles d'Ulpien dans la L. 34 pr. h. t. : ANIMO

de l'acte. Sans elles, ce qui reste n'est plus qu'une simple promenade[214]. C'est un pur préjugé de croire que cette dernière est le seul moyen de constater la volonté d'appréhender; on peut y substituer tout autre acte. C'est uniquement le besoin d'avoir un acte *extérieur* d'appréhension uniforme qui a élevé la promenade à l'honneur de manifester la volonté d'appréhender. Tandis que partout ailleurs l'appréhension est un acte *réel* qui a pour but de livrer effectivement la chose à celui qui la reçoit, elle est ici une pure formalité. Je ne vois pas quelle différence il y a pour l'acheteur à déclarer en justice, ou devant un notaire et des témoins, son intention de vouloir par cela même prendre possession du fonds qui lui est cédé par le vendeur, ou à se rendre à cet effet sur le fonds pour le *voir*, — chose qu'il a certainement faite avant de procéder à l'acquisition. Sa possession est aussi assurée dans l'un cas que dans l'autre, car cette sûreté ne dépend point de sa promenade, mais des deux circonstances suivantes : d'abord

---

acquiri possessio potest, c'est-à-dire l'acquisition de la possession ne repose pas ici sur le pouvoir physique, mais sur l'action juridique ; c'est ainsi que la L. 26 Cod. de donat (8, 54) déclare possible même la donation d'un fonds à un *infans* dans la personne de son esclave : *omne jus complent instrumentis ante praemissis*. C'est la même antithèse que paraît avoir en vue la L. 10 Cod. de poss. (7, 32) lorsqu'elle dit : *duplicem esse rationem possessionis, aliam, quae jure consistit, aliam quae corpore*.

(214) En appliquant ces considérations au cas d'erreur sur l'objet, j'arrive à cette conséquence que le transfert de la possession est exclu par l'erreur quant aux choses *immobilières*, et non quant aux choses mobilières. Cela est expressément reconnu pour les premières par la L. 34 pr. h. t., quant aux secondes, je ne connais aucun témoignage positif de nos sources. Assimiler ces deux cas serait aussi peu fondé que d'appliquer les règles qui concernent l'appropriation unilatérale des choses immobilières à celle des choses mobilières et vice versa. Pour ces dernières, ce qui décide dans tous les cas c'est l'appropriation physique unie à la volonté de posséder, sans examiner comment s'accorde avec cela la volonté du précédent possesseur. Pour les choses immobilières au contraire, l'imperfection de cette appropriation ne peut être suppléée que par l'attitude du précédent possesseur.

de ce que le précédent propriétaire a déclaré qu'il lui transfère ses droits, et ensuite de ce que les tiers, qui savent qu'ils ne sont pas propriétaires du fonds en question, ont l'habitude de respecter la possession du propriétaire (215) Si les tiers ou le vendeur n'ont point de respect pour la possession d'autrui, la promenade de l'acheteur ne lui servira pas plus contre eux que n'aurait fait un acte notarié.

Il résulte de ce qui précède que l'appréhension, pour les choses immobilières de l'espèce indiquée, bien loin de *devoir* ou de *pouvoir* donner un pouvoir physique sur la chose, a uniquement pour but de constater l'intention des parties de transférer la possession. Quelque soit la définition qu'on donne de la possession, qu'on y voie le pouvoir physique ou l'extériorité de la propriété, dans les deux cas, l'appréhension apparaît comme un acte de pure formalité, rien de plus que la promenade des deux parties litigantes dans l'antique procédure de la *vindicatio*, acte auquel on pourrait en substituer un autre quelconque, et auquel on devrait même préférer tout autre acte susceptible de donner au fait la publicité désirable, par exemple l'annonce dans les feuilles publiques. Mes voisins voient que je sème, laboure et récolte : ils reconnaissent à cela que je suis le propriétaire, —

(215) C'est ainsi aussi que s'explique la L. 30 § 5 h. t. *Quod per colonum possideo, heres meus nisi ipse nactus possessionem, non poterit possidere : retinere enim animo possumus, apisci non possumus.* Je ne puis comprendre pourquoi, d'après les principes connus sur l'acquisition de la possession au moyen de représentants, l'obligation du fermier de posséder pour le bailleur ne suffit pas pour procurer la possession à l'héritier. (SAVIGNY p. 284). D'après ma théorie, la décision du jurisconsulte s'explique très facilement : l'héritier doit se faire reconnaître par le fermier comme propriétaire actuel, et le fermier doit l'avoir reconnu comme tel, pour qu'il puisse être reconnu en fait comme propriétaire, c'est-à-dire comme possesseur. Ces deux conditions peuvent être remplies par de simples lettres, sans voyage ; bien plus, la seconde résulterait du silence seul du fermier.

voilà la véritable extériorité de la propriété qui, comme le prouve l'expérience, se confond dans la plupart des cas avec la propriété réelle. — Au contraire il se peut que personne ne voie la promenade que je fais pour appréhender, et si quelqu'un la remarque comment pourrait-il en deviner le but?

Et cependant tout devrait dépendre de cet acte insignifiant ou plutôt de sa preuve! Que l'on réfléchisse au résultat qu'amène ici l'application rigoureuse de la théorie. C'était aujourd'hui le jour fixé pour la tradition, le prix d'achat est payé, le vendeur a déclaré vouloir me transférer la possession et la propriété. Hier encore je me trouvais sur le fonds, mais aujourd'hui la course me dérange et je la remets à un temps plus opportun. Le vendeur profite de cette circonstance, et dans l'intervalle il revend doleusement le fonds à un autre qui, plus avisé que moi, s'y rend incontinent. Ce serait cet autre qui aurait acquis la possession et la propriété! N'est-ce point là donner à la forme nue et rigide une importance qu'elle n'avait qu'à l'époque de l'antique jurisprudence romaine, mais qu'elle a de plus en plus perdue dans le développement subséquent du droit romain? La *mancipatio* et la *vindicatio* exigeaient aussi dans l'origine la présence sur le fonds, mais la pratique nouvelle s'est débarrassée de cette entrave ([216]).

Mais de quel droit pouvons-nous dévier d'une condition expressément déterminée par le droit romain? Laissons intacte cette condition elle-même, et voyons si nous ne pouvons pas atteindre au but au moyen de la *preuve*. L'acheteur, dans le cas qui précède, produit un document dans lequel le vendeur reconnaît qu'il a, ce jour même, transféré à l'acheteur la possession et la propriété; devra-t-il encore fournir la preuve qu'il a fait la promenade dont il s'agit? Le droit romain répond suffisamment à cette question. *Sciendum est generaliter*, dit Ulpien dans la L. 30 de V. O. (**45**, 1) ([217]), *si quis se scripserit fidejussisse*,

([216]) V. mon Esprit du D. R. III p. 343 ss.

([217]) V. aussi § 8 I. de fidej. (**3**, 20) et L. 4 § 3 D. de fid. et nom. (**27**, 7).

videri omnia solenniter acta, et dans le § 17 I. de inut. stip. (**3**, 19) il est dit : *si scriptum fuerit in instrumento, promisisse aliquem, perinde habetur atque si interrogatione praecedente responsum est* [218]. Justinien a fait de ce principe général une application [219] qui offre un intérêt particulier pour notre question, parce qu'il y est précisément question de la nécessité de la présence. *Sed cum hoc* (cette nécessité), dit-il dans le § 12 I. de inut. stip. (**3**, 19) *materiam litium contentiosis hominibus praestabat, forte post tempus allegationes opponentibus et non praesentes fuisse se vel adversarios contendentibus, ideo nostra constitutio propter celeritatem dirimendarum litium introducta est, quam ad Caesarienses advocatos scripsimus, per quam disposuimus tales scripturas, quae praesto esse partes indicant, omnimodo credendas, nisi ipse, qui talibus utitur improbis allegationibus, manifestissimis probationibus vel per scripturam vel per testes idoneos approbaverit in ipso toto die, quo conficiebatur, sese vel adversarium suum in aliis locis fuisse.* C'est certainement là une des plus sages ordonnances de Justinen, et elle semble faite exprès pour notre question. La présence de celui qui acquiert la possession, auprès de la chose, n'est pas plus essentielle pour la tradition, que celle des deux parties pour la stipulation : et la chicane d'un adversaire qui, outre la transmission de la chose, attestée par l'acte, exige encore la preuve de la présence réelle, ne mérite pas un accueil plus favorable que la prétention dont

---

(218) V. aussi dans le même sens Paul S. R. V. 7 § 2.

(219) L. 14 Cod. (**8**. 38) (V. plus haut p. 48 note 65). Cette loi accorde encore une autre facilitation de preuve importante. par rapport à la preuve de la propriété sur l'esclave stipulant. Justinien a fait une autre application dans la L. 23 Cod. ad. SC. Vell. (**4**, 29) sur les intercessions des femmes : *sed si quidem in ipso instrumento intercessionis dixerit sese aliquid accepisse et sic ad intercessionem venisse, et hoc instrumentum publice confectum inveniatur et a tribus testibus assignatum,* OMNIMODO ESSE CREDENDUM, *eam pecunias vel res accepisse et non esse ei ad Senatusconsulti Vellejani auxilium regressum.*

nous entretient Justinien. La preuve contraire que Justinien réserve, n'aurait pas une grande importance pour la tradition.

En pratique on évite ainsi la nécessité de la présence de la chose, chaque fois que la tradition effectuée sera attestée par un document, sans distinguer bien entendu si la chose est mobilière ou immobilière. C'est ainsi que Sévère et Antonin ont pu, dans la L. 1 C. de don. (8, 54). déclarer que la tradition du certificat de propriété sur les esclaves *(emtionum mancipiorum instrumenta)* est une attestation pleinement valable et par cela même un surrogat de la tradition des esclaves mêmes ([220]).

Le législateur ne ferait-il pas bien de faire un pas de plus, en renonçant absolument à la nécessité de la présence auprès de la chose dans les cas où cette présence est dénuée de toute espèce d'importance ([221]) ? Pour ma part, je n'y verrais aucun inconvénient. Je touche ici à la question tant controversée de la tradition symbolique ([222]), que je laisse volontiers de côté à cause de

([220]) C'est également ainsi qu'il faut comprendre la L. 12, § 43 de instr. leg. (33. 7.) dans laquelle Papinien agite la question de savoir si dans un legs « de tous les objets se trouvant dans la maison, » sont aussi compris ces certificats de propriété *(emtiones servorum)*, et implicitement par conséquent les *esclaves eux-mêmes*. Bien qu'il le nie en principe, il admet cependant comme possible que le testateur ait songé aux esclaves et dans ce cas le document représente pour lui la chose, et le legs de l'un est le legs de l'autre. V. au surplus la L. 26 C. de don. citée à la note 213 : OMNE JUS *compleat instrumentis ante praemissis*. La L. 2 Cod. h. t. (7. 32) montre à quel point les Romains avaient pris l'habitude de considérer comme décisive en matière de tradition de choses immobilières, le certificat de tradition : *licet enim instrumento non sit comprehensum, quod tibi tradita sit possessio, ipsa tamen rei veritate id consecutus es.*

([221]) C'est ce qu'a fait le droit français. V. à ce sujet K. S. ZACHARIÆ, Manuel du droit civil français I, § 180, note 3. « Mais il était d'usage d'insérer la *clausula quasi traditionis* dans les actes notariés qui avaient pour objet la transmission de la propriété d'un immeuble. Cet usage donna naissance à la nouvelle doctrine qui renonce entièrement à la nécessité de la tradition. »

([222]) V. en un examen très approfondi dans EXNER loc. cit. p. 152 s.

l'extension que le présent travail a déjà prise, et aussi parce qu'il n'est nullement indispensable de la traiter ici. Mais je dois avouer que loin de voir dans cette notion une transformation de la notion possessoire, j'y découvre une amélioration de celle-ci. En effet, quelle différence y a-t-il à recevoir les clefs de la maison ou du souterrain dans un lieu immédiatement voisin, ou à quelque distance? Est-ce que ma volonté d'avoir la chose, s'il s'agit seulement de la détention juridique, et non du transport de fait, n'opère qu'à une distance de dix pas? On croirait vraiment qu'il s'agit ici d'une manipulation mécanique, qui a pour condition une influence immédiate, et l'on est tenté de se demander, en appliquant l'idée mise en vogue par l'école Hégélienne, que « *la volonté propre s'impose dans la chose*, » comment la volonté peut accomplir cette opération à plusieurs lieues de distance. Je ne vois là qu'un effet de cette appréciation extérieure et matérielle, qui fait abstraction de l'élément idéal de la possession pour en asseoir toute la force sur l'élément physique (p. 162). Quiconque s'est délivré de ce préjugé, regardera aussi la tradition symbolique à un tout autre point de vue qu'on ne le fait généralement aujourd'hui. Si le chasseur peut acquérir la possession du gibier qui s'est pris dans ses piéges, si le propriétaire d'un fonds peut acquérir la possession du fumier qu'il a fait décharger sur son champ, sans que ni l'un ni l'autre ne soit présent, pourquoi le marchand qui a acheté un magasin de marchandises ne pourrait-il pas aussi en acquérir la possession au moyen de la livraison des clefs dans sa demeure? Si l'un cas répugne à l'idée de la possession, pourquoi n'en est-il pas de même de l'autre? Pour ma part, je ne puis que mettre tous ces faits sur la même ligne, je ne trouve rien de symbolique dans aucun d'eux et je n'y vois que la réalisation de la seule idée exacte, à mon sens, de la possession.

Qu'il me soit permis enfin de comprendre encore dans mon examen un rapport qui prouve une fois de plus, d'une manière frappante, l'exactitude du point de vue que j'ai énoncé plus haut : l'occupation arbitraire des fonds de personnes absentes.

Comme on le sait, elle ne procure pas *immédiatement* la possession, mais seulement lorsque le possesseur, après en avoir eu connaissance, ne fait rien pour faire valoir sa possession. Pourquoi? Au point de vue du pouvoir physique cela ne peut en aucune façon s'expliquer. La force physique que l'occupant doit craindre de la part de son adversaire, n'est pas diminuée après l'écoulement d'un mois, et celle qu'il est à même de lui opposer n'a pas augmenté, — *physiquement*, le temps écoulé ne modifie rien. Mais ce qui change, ce qui dans l'intervalle accroît et se renforce, c'est l'élément *moral* ou *idéal* de la possession, c'est-à-dire la *reconnaissance* de l'état de possession actuel, attestée par l'inaction du possesseur précédent[223]. La seule personne précisément dont l'occupant eût à craindre une résistance, ne lui en a opposé aucune, et dès cet instant il doit en fait se considérer comme autorisé.

De même que dans la *tradition* des choses immobilières, ce n'est pas ici l'acte physique de l'acquisition de la possession, mais seulement la conduite du précédent détenteur qui imprime à son rapport avec la chose le cachet de la possession juridique. Pour les choses mobilières, le passage de la possession au voleur et au brigand dépend exclusivement de l'appropriation *corporelle* de ces choses, ou pour parler comme SAVIGNY, du pouvoir physique sur la chose. Mais la raison précisément pour laquelle, quand il s'agit des choses immobilières, la possession repose moins sur l'élément physique que sur l'élément juridique, fait aussi que l'acquisition de la possession est nécessairement différente. Ce qui manque dans le premier cas, doit être suppléé dans le second.

(223) *Cum nemo adversarius eum inquietaverit, sed omnibus tacentibus* POSSESSIO CONFIRMATA EST, selon la version que donnent les Basiliques (50, 2, 61, Heimb. V. p. 54) de la L. 10 Cod. de poss. C'est pour cela aussi que celui qui achète du fermier le fonds d'autrui n'acquiert pas de suite la possession. L. 5 Cod. h. t. (7, 32). Nous avons vu plus haut (p. 103) ce que c'est que le *jus dominii* réservé ici au bailleur.

XIII

5. *Application à la perte de la possession*

Si la possession est l'extériorité de la propriété, nous devrons la déclarer perdue lorsque la chose se trouve dans une position en désaccord avec la manière et la forme régulières sous lesquelles le propriétaire a l'habitude de s'en servir. Ici encore il peut rester possible de reproduire l'état originaire. Cela ne suffit point pour notre théorie : car un propriétaire qui attache quelque prix à la chose ne se contente point de cette simple *possibilité*, il ne se croise pas les bras, mais il se remue et il rétablit le plus tôt possible le rapport troublé. *Omnia ut dominum fecisse.* Telle est la ligne de conduite du possesseur qui veut conserver la possession. Ce qu'il a à faire, son intérêt le lui dicte et c'est précisément à cette circonstance qu'il le fait, qu'on le reconnaît comme celui à qui la chose appartient *(ad quem ea res pertinet)*. *L'intérêt attesté en fait* par la manière de se servir de la chose, d'en prendre soin, de la protéger et de l'assurer, est *l'indice du véritable propriétaire.* Quiconque méconnait cet intérêt et se délie ainsi en quelque sorte de la chose, perd la possession, car bien qu'il soit et reste propriétaire, il n'est pas actif et *visible* comme tel ; et la possession consiste précisément dans la *visibilité* de la propriété, — *la diligentia du propriétaire est une condition indispensable de la possession.*

La divergence qui existe ici entre ma théorie et celle de SAVIGNY saute aux yeux. Le possesseur, d'après SAVIGNY, peut tranquillement laisser dans le bois ou en plein champ les objets qu'il y a déposés ; tant qu'il lui reste la possibilité d'aller les reprendre, il garde la possession. D'après moi au contraire, il la perd de suite, car le propriétaire diligent n'abandonne point ainsi sa chose. Le possesseur, d'après SAVIGNY, peut négliger entièrement son fonds et le laisser inculte, il peut s'éloigner sans le louer et sans en confier la surveillance à personne, il conserve la possession, — parce qu'il se peut qu'il revienne un jour, après 10 ou 20 ans. D'après ma théorie, il perd sa possession. Donc la conduite personnelle du possesseur, sa diligence ou sa négligence, son incurie, son indifférence sont sans aucune importance selon la doctrine de SAVIGNY qui fonde la possession sur l'idée de la *vis inertiae;* d'après la mienne, elles ont au contraire une importance décisive. Laissons les sources faire pencher la balance.

Rerum mobilium, dit Papinien dans la L. 47 de poss. (41, 2) NEGLECTA ATQUE OMISSA CUSTODIA, *quamvis eas nemo alius invaserit, veteris possessionis damnum afferre consuevit idque Nerva filius libris de usucapionibus retulit.* Ainsi le jurisconsulte nous apprend que la négligence du possesseur dans la garde de ses choses entraîne la perte de la possession. SAVIGNY (p. 312) le nie; ce texte n'exprimerait pas d'après lui une règle de droit, mais seulement la suite *très fréquente* (consuevit) de la *custodia omissa.* Et ce serait pour cela, pour lui faire dire une pareille banalité, qu'une autorité comme Papinien aurait été obligé d'appeler à son secours Nerva : celui qui laisse traîner à la rue de l'argent ou des valeurs pécuniaires risque de se les voir voler, du moins c'est ce qui arrive très-souvent! C'est comme si Odyssée était descendu aux enfers uniquement pour apprendre de Tiresias que tous les hommes sont mortels! Mais quel est donc le sens de ce mot *consuevit?* A mon avis il désigne la pratique judiciaire qui est décisive en droit (224). Beaucoup de plaideurs, veut dire Papinien, se sont vu dénier la possession pour ne pas l'avoir diligemment gardée. Heureusement il nous a été conservé un autre témoignage de l'opinion de Nerva, qui ne laisse aucun doute sur sa véritable pensée; c'est la L. 3, § 13 ibid. de Paul :

Nerva filius, res mobiles excepto homine, quatenus sub custodia nostra sint, hactenus possideri, id est (225), *quatenus si velimus, naturalem possessionem nancisci possimus.*

(224) On trouve une expression semblable dans la L. un. Cod. de solut. (11. 39)... *ea tantum defensio* CONSUEVIT *admitti.*

(225) Au lieu de cette leçon confirmée par l'autorité du texte Florentin,

En attachant à la *custodia* la continuation de la possession pour les choses mobilières, à l'exception des esclaves, Nerva dit implicitement que la négligence de la *custodia* entraîne la perte de la possession.

Mais ce n'est pas seulement pour les choses mobilières que nous rencontrons la négligence *(negligere)* du possesseur: par rapport aux choses immobilières la L. 40, § 1 h. t. *(neglexerit)* et la L. 37, § 1 de usurp. (**41**, 3) *(negligentia)* la mettent également en rapport avec la question de la continuation de la possession.

La négligence prend dans nos sources un double aspect par rapport à la conservation de la possession. Elles distinguent deux cas de négligence : ceux dans lesquels la négligence est continue, constante; et ceux dans lesquels c'est une négligence momentanée seulement qui entraîne la perte de la possession. Il peut se présenter pour le propriétaire des situations critiques où il doit, s'il veut s'assurer la chose ou la possession, prendre de suite les mesures nécessaires à cet effet; s'il le néglige, c'en est fait de sa possession. Dans d'autres cas au contraire, la position de la chose qui doit exciter le propriétaire à agir n'est pas aussi immédiatement urgente, il n'y a point de péril en la demeure, et un certain retard n'offre dès lors aucun danger. Ce n'est que l'omission continue des actions qu'on devrait attendre de lui qui peut lui faire encourir le reproche de négligence et par suite le préjudice de la perte de la possession. On peut désigner les premiers cas par le nom de cas *aigus*, les seconds par celui de cas *chroniques* de la perte de la possession.

Le propriétaire a perdu sa chose, son bétail s'est égaré, que doit-il faire? Se mettre immédiatement à leur recherche. S'il les trouve, il n'aura jamais perdu la possession: s'il ne les trouve point, il l'aura perdue. Qu'arrive-t-il s'il néglige toute espèce de recherches, soit par paresse, soit parce qu'il veut les remettre à

SAVIGNY adopte la variante : *idem* qui se trouve dans quelques manuscrits; voyez au contraire RUDORFF l. c. p. 602.

un temps plus opportun? Dans la L. 3, § 13 h. t. qui parle de ces deux cas : perte de la chose et égarement du bétail, il n'est pas fait mention de la conduite du propriétaire. Que faut-il donc décider? La possession continue-t-elle à cause de la possibilité de reproduire le rapport originaire? Non, à mon avis. Outre la L. 47 citée plus haut, qui reconnaît la *omissa atque neglecta custodia* comme cause de la perte de possession pour les choses mobilières, je crois pouvoir alléguer aussi l'analogie de la perte de la possession sur les choses immobilières.

Le propriétaire absent reçoit avis qu'un autre a pris possession de sa maison. Que fera-t-il? Il prendra immédiatement les mesures nécessaires pour chasser l'occupant.. Et s'il ne le fait point par crainte ou par paresse? Dans ce cas, il perd la possession [230]. Pourquoi? Parce qu'il a laissé son droit en souffrance, parce que, dans une occurence où tout le monde devait s'attendre à voir surgir celui « *que la chose concerne,* » il ne s'est point montré : — au moment critique il n'est pas devenu *visible* comme *propriétaire.* Il est à mes yeux parfaitement indifférent que la chose ait été mise dans cette situation critique qui oblige le propriétaire diligent à des mesures de défense immédiates, par des tiers, par elle-même (fuite du bétail), par des évènements naturels, (poutres entraînées par le courant, dérivation de la barque) ou par l'insouciance ou la négligence du possesseur. Il importe peu aussi, par exemple, que le chasseur ait perdu son carnier dans le bois, ou qu'il l'y ait laissé intentionnellement : l'état dans lequel un tiers l'y trouve n'est pas celui sous lequel le propriétaire use habituellement de son droit de propriété sur cet objet; il atteste un trouble du rapport normal de la propriété, ce carnier n'est pas en possession.

Examinons maintenant les cas de la seconde espèce. Nos sources nous offrent les décisions suivantes :

1. L. 40 § 1 h. t. d'Africain :

---

(230) L. 3 § 8, L. 7, L. 25, § 2, h. t.

Si forte colonus, per quem dominus possideret, decessisset, propter utilitatem receptum est, ut per colonum possessio et retineretur et continuaretur; quo mortuo non STATIM *dicendum eam interpellari, sed tunc demum, cum dominus possessionem apisci* NEGLEXERIT.

La décision que donne dans ce cas le jurisconsulte, est inconciliable avec la théorie de SAVIGNY. En effet, si la possession du bailleur ne cesse pas subitement à la mort du fermier, elle continue selon cette théorie, d'une manière ininterrompue, tant qu'il ne se produit aucun changement dans l'état actuel, car le bailleur conserve intacte la possibilité de reproduire l'état originaire. Mais cette simple possibilité qui permet au possesseur de se croiser les bras, ne suffit pas aux yeux du jurisconsulte pour lui conserver la possession : il exige au contraire qu'il intervienne lui-même pour assurer sa possession (227), qu'il s'occupe de ce qui advient de son fonds (228), et décide s'il y mettra un nouveau fermier ou s'il le cultivera lui-même. Dans l'intervalle, sa possession continuera *(non statim interpellari)*, mais s'il tarde plus longtemps qu'un homme diligent ne l'aurait fait à sa place, il perd la possession. Pourquoi? Parce qu'il n'a pas manifesté visiblement sa qualité de propriétaire, alors qu'il devait le faire.

Un cas analogue à celui de la mort du fermier, est celui où le fermier abandonne le fonds. Africain voulait dans ce cas faire cesser immédiatement la possession du bailleur (229), tandis que

(227) En employant les mots *possessionem* APISCI par rapport aux mesures prises pour la *conservation* de la possession, le jurisconsulte entend par là la réacquisition de la CORPORALIS *possessio* qui a été exercée précédemment par le fermier.

(228) En effet l'héritier du fermier n'est pas *eo ipso* fermier. L. 60 § 1 loc. (19, 2), *heredem coloni*, QUAMVIS COLONUS NON EST, *nihilominus domino possidere existimo;* il est possible aussi qu'il n'existe aucun héritier ou que l'héritier ne soit pas encore connu.

(229) ALIUD *existimandum* d'après le texte Florentin et la plus grande

deux autres jurisconsultes, Pomponius dans la L. 25 § 1, et Paul dans la L. 3 § 8 h. t. se déclaraient pour la continuation. Entendaient-ils par là la continuation *illimitée*, c'est-à-dire même dans le cas où le bailleur averti reste inactif? Je n'hésite pas à répondre négativement. Je prie seulement le lecteur de vouloir encore suspendre son appréciation sur ce point.

2. L. 37 § 1 de usurp. (41, 3) de Gaius :

Fundi quoque alieni potest aliquis sine vi nancisci possessionem, quae vel EX NEGLIGENTIA *domini* VACET *vel quia dominus sine successore decesserit vel* LONGO TEMPORE ABFUERIT.

SAVIGNY (p. 331) cherche à concilier ce passage avec sa théorie en supposant que le possesseur veut renoncer à la possession. Mais le possesseur peut faire rejeter cette supposition en invoquant SAVIGNY lui-même (même page, en note) qui lui permet de laisser la chose, par *négligence* ou *absence*, sans *surveillance* et sans *détention* : s'il ne survient rien de sa part pour attester sa volonté de renoncer positivement à la possession, je ne vois pas sur quoi se base SAVIGNY dans l'espèce dont il s'agit ici, pour admettre qu'il faut que la chose soit en réalité restée sans possesseur (V. la note citée). Cette distinction n'est, à mon avis, qu'un escamotage dialectique : — celui qui essayera d'appliquer ces notions contradictoires à une espèce déterminée, se convaincra qu'il manque de tout point d'appui et qu'il est complètement le maître de dire : la chose est restée par la négligence du possesseur sans surveillance et sans détention, mais elle est néanmoins restée en possession, ou bien : la chose a été laissée *en réalité* (sic!) sans possesseur.

Le jurisconsulte distingue dans ce passage deux cas où la possession de la chose est vacante *(possessio vacat)* : celui de la vacance coupable *(negligentia domini)* et celui de la vacance

partie des éditions imprimées. SAVIGNY donne la préférence (p. 342) à la leçon : IDEM *existimandum* qui se trouve dans quelques manuscrits, mais v. en sens contraire RUDORFF (ibid. p. 704).

non coupable (mort et longue absence du possesseur). En citant la *negligentia domini* comme cause de la perte de la possession, il reconnaît la thèse que je veux démontrer ici, pour les choses immobilières, avec la même clarté et la même précision que la L. 47 cit. la reconnaît pour les choses mobilières. Que la possession se perde aussi dans le cas du manque de surveillance non coupable, cette circonstance n'a rien de surprenant et ne contredit pas mon opinion. Je ne prétends pas en effet, que la possession ne se perd *que* par négligence, je dis qu'elle se perd *aussi* par négligence. L'inoccupation prolongée du fonds est un état qui répugne autant à la forme normale de réalisation de la propriété sur les choses immobilières que le fait de laisser des choses de valeur en plein champ. C'est une *omissa atque neglecta custodia*, — un trouble du rapport normal de la propriété. Il est indifférent que l'occasion de ce trouble soit un évènement naturel ou une action humaine.

La législation impériale n'a modifié cette règle que dans un seul cas : lorsque le motif pour lequel le possesseur a délaissé pendant longtemps la culture du fonds, réside dans une *crainte fondée (metus necessitate)*. Dans ce cas il faut décider, d'après la L. 4. Cod. de acq. poss. (7, 32) de Dioclétien (a. 290) : *ex transmissi temporis injuria ei praejudicium non generari*. Il est inutile de faire remarquer que ce passage reconnaît notre théorie indirectement, puisqu'il n'exclut le *praejudicium* qui résulterait sans cela de l'omission de la culture, c'est-à-dire la perte de la possession, que dans le cas de *metus necessitas* (230).

Le propriétaire *doit* cultiver son fonds. Le Censeur, dans l'ancien temps l'exigeait (231). La législation impériale a accentué

(230) Les mots NON DERELIQUENDI ANIMO *non coluisti*, dans ce passage, n'indiquent pas une hypothèse mise en opposition, comme il résulte de ce qui précède; ces mots ont probablement été empruntés aux termes de la requête.

(231) Gellius IV. 12. *Si quis agrum suum passus fuerat sordescere eumque*

cette obligation en permettant au premier venu, en cas de négligence, de cultiver le fonds et en lui en accordant la propriété après deux ans([232]). La même permission fut donnée par Vespasien pour les terrains à bâtir non employés ([233]). Au moyen de l'*immissio* pour refus de prester la *cautio damni infecti*, la possession, comme on le sait, ne se perd pas immédiatement, mais si cette mesure reste sans succès, un *secundum decretum* opère le transfert de la possession et de la propriété. Cette mesure est justifiée par Ulpien, dans le passage cité, au moyen de cette considération qu'après l'expiration d'un certain intervalle de temps *(post aliquod intervallum)*, on peut admettre :

Quod pro derelicto aedes longo silentio dominus videatur habuisse.

Assurément le jurisconsulte n'était pas d'avis qu'il y eût là une véritable *derelictio* : il voulait seulement justifier l'apparente rigueur de la règle en faisant valoir que par sa complète indifférence, le propriétaire s'était en quelque sorte détaché lui-même de la chose. Ce n'est que pour reproduire cette considération, que j'ai moi-même présentée plus haut, avec l'autorité, cette fois, d'un jurisconsulte romain, que j'ai cru devoir donner place ici à ce passage.

3. L. 13 pr. h. t. d'Ulpien :

Pomponius refert, cum lapides in Tiberim demersi essent

---

indiligenter curabat ac neque araverat neque purgaverat, sive quis arborem suam vineamque habuerat derelictui, non id sine poena fuit, sed erat opus censorium.

([232]) L. 8 Cod. de agro deserto (11. 58) Pertinax avait déjà autorisé cette occupation. GUYET Archiv. für civ. Prax. XVII, p. 59. Les lois 10, 14 Cod. ibid. accentuent et abrègent ces mesures. C'est ainsi aussi que dans l'ancien droit allemand un bien que le propriétaire laisse devenir inculte devient bien de la *mark* ou de la commune du moment qu'il y croit des broussailles et des buissons. GRIMM Rechtsalterth. p. 92.

([233]) Suet. Vesp. c. 8 *vacuas areas occupare et aedificare, si possessores cessarent.*

naufragio et POST TEMPUS *extracti : an dominium in integrum fuit per id tempus, quo erant mersi? Ego dominium me retinere puto, possessionem non puto.*

D'après l'explication de SAVIGNY (p. 311), Ulpien aurait ici dénié la continuation de la possession par le motif qu'il était devenu impossible de ravoir les pierres. Mais dans ce cas la possession aurait été perdue immédiatement et les mots : *post tempus* qui se trouvent dans le passage auraient été dénués de sens. En effet, SAVIGNY les perd complètement de vue. Mais ces mots : *post tempus* ont une signification et répondent aux mots : *non* STATIM *interpellari possessionem, sed tunc demum, cum dominus possessionem apisci neglexerit* dans la L. 40 § 1 cit. Le propriétaire des pierres à laissé écouler un long intervalle de temps avant de se décider à les faire remonter, et c'est précisément cette inaction continuée qui est en désaccord avec la conduite habituelle du propriétaire diligent, avec la maxime : *omnia ut dominum fecisse* : il a laissé longtemps ses choses dans une position qui est contradictoire avec l'aspect normal de la propriété.

Les mots *post tempus* ont leur pendant dans le mot *diu* du passage suivant.

4. L. 3 § 10 h. t. de Paul (234) :

Si servus, quem possidebam, pro libero se gerat, ut fecit Spartacus, et judicium liberale pati paratus sit, non videbitur a domino possideri, cui se adversarium praeparat ; sed hoc ita verum est, si DIU *in libertate moratur.*

Pourquoi Paul fait-il cette restriction? La théorie de SAVIGNY ne répond pas à cette question. Ou bien la possession de l'esclave était perdue dès le principe ou bien elle continuait; dans le second cas, elle devait, d'après SAVIGNY, continuer sans interrup-

(234) Il y a dans les Pandectes encore un fragment de ce jurisconsulte, où il touche la même question mais sans employer le mot *diu*, c'est la L. 15 § 2 de usurp. (41, 3).

tion, si du reste aucun autre changement ne survenait, — *le temps par lui-même, n'a aucun pouvoir sur la possession, d'après* SAVIGNY. D'après ma théorie, au contraire, le temps a ce pouvoir, il doit l'avoir : et c'est précisément cette importance du temps, qui constitue à mes yeux un des principaux arguments pour l'exactitude de ma théorie. Quiconque voudra encore maintenir la formule de SAVIGNY sur la continuation de la possession devra désormais s'expliquer sur ces deux points : d'abord sur la conciliation avec la théorie de SAVIGNY des passages ci-dessus, d'après lesquels en cas de négligence persistante *(non statim, post tempus, longo tempore, longo silentio, diu)*, la possession se perd sans qu'il y ait aucun changement dans le *corpus* ou l'*animus*, et en second lieu sur le point de savoir comment le plus réel précisément de tous les rapports juridiques, la possession, peut en arriver à être délié de la condition de la réalité, qui est la règle de tous les rapports patrimoniaux? Dans l'ancien droit romain, la propriété se perdait par usucapion en un ou deux ans selon les cas; les servitudes se perdaient de même par non-usage, les actions pénales prétoriennes se prescrivaient en un an. Le droit se consumait donc rapidement, à Rome, lorsqu'il n'était pas affirmé par un exercice réel. Mais la possession, qui plus qu'aucun autre droit est soumise à la force du fait, n'est point affectée par l'absence de cet élément! — Pour un Mathusalem elle durerait, sans exercice réel, cent années et au-delà!

Mais, m'objectera-t-on : *lex ita scripta est!* La loi 153 de R. J. (**50, 17**) que l'on connait, dit expressément que la possession dure aussi longtemps que l'*animus* et le *corpus* ne se sont pas changés dans le contraire *(in contrarium actum)*. Les auteurs sont unanimes à admettre le danger qu'il y a de fonder une théorie sur l'abstraction d'un jurisconsulte romain, au lieu de la fonder sur les décisions concrètes des sources. La règle ci-dessus de Paul offre à mes yeux une nouvelle justification de la maxime de la L. 202 de R. J. (**50, 17**) : *omnis definitio in jure periculosa est, parum est enim ut non subverti possit.* En effet, elle ne concorde en aucune façon avec les décisions concrètes des jurisconsultes romains, du moins lorsque l'on entend l'*actum in contrarium* dans le sens de SAVIGNY et de la théorie dominante. Sans revenir sur les passages cités plus haut, je demanderai seulement : comment cette règle se concilie-t-elle avec la perte de la possession causée par la mort? La mort ne change rien à l'état extérieur de la chose : il y a seulement cessation de l'*animus*. Mais cette cessation n'est évidemment pas un *animus in contrarium actus;* la *volonté de posséder* ne se change pas ici, comme le veut SAVIGNY, en *volonté de ne pas posséder*. Et puis lorsqu'il se présente, comme c'est indubitablement le cas ici, une contradiction entre l'abstraction théorique, la *regula juris* d'un jurisconsulte romain, et les décisions pratiques de nos sources, nous suivons seulement l'indication que Paul lui-même nous donne dans la L. 1 de R. J. (50, 17). *Non ut ex regula jus sumatur, sed ex jure, quod est, regula fiat,* en nous en tenant aux matériaux concrets des sources et en cherchant à en abstraire la *regula juris*. SAVIGNY lui-même n'a pas manqué de nous en donner l'exemple (255).

Je veux enfin rencontrer encore une objection à laquelle doit s'attendre le système que je viens de développer sur la continuation de la possession. Lorsque je considère comme condition de cette continuation la diligence d'un propriétaire exact, (p. 185) on me reprochera peut-être que cette règle pèche sous le rapport de la précision (256). Je réponds à ce reproche en

(255) Je renvoie le lecteur par exemple à son Système, III p. 346 où il s'occupe de la règle exprimée dans la L. 7, 8 de jur. et facti ign. (22. 6). Nous nous ne mettons pas en contradiction, dit-il, avec les sources du droit, mais nous nous en tenons seulement à leurs décisions sûres dans les cas particuliers, et nous considérons les passages cités plus haut *comme une tentative manquée d'établir un principe général*. Si SAVIGNY n'avait pas écrit son traité sur la possession à l'âge de 23 ans, mais à un âge plus mûr, il aurait peut-être tenu le même raisonnement à l'égard de la règle ci-dessus de Paul.

(256) Je crois, au reste, avoir montré que ce n'est pas aux défenseurs de

renvoyant simplement à la théorie de la *diligentia* dans les rapports obligatoires. Les deux règles dont se servent les romains pour l'établir : celle de la diligence de l'homme d'affaires capable et de l'homme ordinaire, ne sont pas plus précises que la mienne : et je suis convaincu que cette dernière laissera bien moins souvent du doute dans l'application. Bien plus, j'exprime de nouveau la conviction (p. 167) que le citadin et le paysan seront avec ma théorie bien mieux en état de juger s'il y a possession ou non, que les coryphées de la jurisprudence ne le sont avec la théorie de SAVIGNY ! En tous cas le juge, qui se trouve si souvent appelé à décider ce qu'en matière de rapports *obligatoires* ou d'usufruit un *diligens paterfamilias* ou un *bonus vir* aurait dû faire, ne reculera pas devant la tâche de décider en matière de possession, ce qu'aurait fait un propriétaire ordinaire. Ma théorie n'exige pas plus de lui, pour la possession, que ce que le droit romain lui imposait indubitablement dans ces matières. Dès lors l'objection ne frappe point ma théorie, mais le droit romain lui-même, et elle se retourne en définitive contre son auteur : car il faut ignorer le droit et la vie pour faire un reproche au droit de ce qu'il renvoie le juge aux exigences de la vie réelle au lieu de lui donner une formule magique, à la force merveilleuse de laquelle ne croit que celui qui n'a que rarement ou jamais l'occasion de l'essayer dans un cas particulier.

Je résume les conclusions de tout mon travail dans les propositions suivantes :

la théorie de SAVIGNY qu'il appartient de faire un reproche pareil. La précision apparente de la formule de SAVIGNY pour l'acquisition et la perte de la possession, se réduit à rien dès qu'on veut l'appliquer. Je ne veux pas revenir sur ce point, car il ne s'agit pas de savoir laquelle des deux formules, celle de SAVIGNY ou la mienne, est la plus précise, — bien que la mienne, n'ait pas, à ce que je crois, lieu de craindre la comparaison : il s'agit uniquement de savoir laquelle est la vraie, c'est-à-dire laquelle est d'accord avec les décisions de nos sources.

La possession des choses ne doit pas à elle-même mais à la propriété, son élévation au rang de rapport juridique important. Dans le but d'accorder au propriétaire, contre certaines attaques, un moyen de protection plus facile que la revendication, la preuve de l'existence *juridique* de la propriété a été remplacée par la preuve de son existence *en fait*.

Cette supposition, qui régulièrement concourt avec la propriété effective, fait participer à la même protection jusqu'aux non-propriétaires dans les cas où par exception la possession et la propriété sont séparées.

Ce dernier effet ne constitue point le *but*, mais une *conséquence inévitable* de la possession.

La protection possessoire, dans toute la vérité et la généralité de son acception, doit être dirigée contre toute lésion de la possession accomplie contre la volonté du possesseur. Cette condition qui n'avait pas encore été réalisée dans l'ancien droit romain, puisqu'il limitait la protection à certaines lésions, a été effectuée dans toute son étendue par le droit romain plus récent.

Dans la relation avec la propriété se trouve la clef de toute la théorie de la possession : tant pour ce qui concerne l'étendue *abstraite* de la possession, — qui est parfaitement parallèle à celle de la propriété, que pour ce qui concerne les conditions de la possession *concrète*. Ces conditions ne sont autres que celles du rapport extérieur du propriétaire avec la chose.

Nommer la possession des choses extériorité ou visibilité de la propriété, c'est résumer en un mot toute la théorie possessoire.

FIN.

TABLE DES MATIÈRES.

TABLE DES TEXTES CITÉS.

NOTA. Le premier chiffre indique la page, les chiffres entre parenthèses se rapportent aux notes. En cas de divergence, les chiffres de la table doivent servir à corriger ceux du texte.

I. DROIT ANTÉRIEUR A JUSTINIEN.

CODEX *Theodosianus*.

GAIUS Institutes.

PAUL Sententiae receptae.

DROIT DE JUSTINIEN.

A. INSTITUTES.

B. DIGESTE.

3. Droit postérieur a Justinien.

31 août 14

www.ingramcontent.com/pod-product-compliance
Ingram Content Group UK Ltd.
Pitfield, Milton Keynes, MK11 3LW, UK
UKHW012213240726
13966UKWH00002B/717

9 782013 584579